FAREWELL

FAREWELL

CARLOS DRUMMOND DE ANDRADE

5ª EDIÇÃO

EDITORA RECORD
RIO DE JANEIRO • SÃO PAULO

CIP-Brasil. Catalogação-na-fonte
Sindicato Nacional dos Editores de Livros, RJ.

A566f
5ª ed.

Andrade, Carlos Drummond de, 1902-1987
    Farewell/Carlos Drummond de Andrade. – 5ª ed.
    – Rio de Janeiro: Record, 1997.
        144p.

    Contém dados biobibliográficos

    1. Poesia brasileira. I. Título.

96-0881

CDD — 869.91
CDU — 869.0(81)-1

Arte da capa e vinhetas: Pedro Drummond
Foto da 4ª capa: Marco Antônio de Bellis. Gentilmente cedida
por Ronaldo Rogério de Freitas Mourão

Os poemas de "ARTE EM EXPOSIÇÃO" foram publidados em
1990 pela Ed. Salamandra/Record

Poema "IMAGEM, TERRA, MEMÓRIA" fez parte do livro
No tempo do mato dentro, Ed. Fund. João Pinheiro,
Centro de Estudos Culturais

Direitos exclusivos desta edição adquiridos pela
DISTRIBUIDORA RECORD DE SERVIÇOS DE IMPRENSA S.A.
Rua Argentina 171 – 20921-380 Rio de Janeiro, RJ – Tel.: 585-2000

Impresso no Brasil

ISBN 85-01-04553-5

PEDIDOS PELO REEMBOLSO POSTAL
Caixa Postal 23.052
Rio de Janeiro, RJ – 20922-970

EDITORA AFILIADA

Indice

Prefácio

O NINHO DA POESIA

Humberto Werneck

"(...) *São fiéis, as coisas*
de teu escritório. A caneta velha. Recusas-te a
                              [trocá-la
pela que encerra o último segredo químico, a tinta
                              [imortal.
Certas manchas na mesa, que não sabes se o tempo,
se a madeira, se o pó trouxeram contigo.
Bem a conheces, tua mesa.
Cartas, artigos, poemas
saíram dela, de ti. Da dura substância,
do calmo, da floresta partida elas vieram,
as palavras que achaste e juntaste, distribuindo-as.
A mão passa

7

na aspereza. O verniz que se foi. Não. É a árvore
                                        [*que regressa.*
(...)"

Carlos Drummond de Andrade, "Indicações"
(em *A rosa do povo*)

Nem grande nem pequeno — um escritório como qualquer outro, igual a tantos que se vêem nos apartamentos de classe média no Brasil. Mais triste do que muitos, até, com sua janela abrindo para o feio paredão do prédio ao lado. Mesa e cadeira, cadeira de balanço, máquina de escrever, quadros nas paredes, estantes cheias de livros. Nada de muito especial — a não ser o fato de que este era o escritório de Carlos Drummond de Andrade, o que vale dizer: foi ali, durante 25 anos, que se escreveu boa parte da melhor poesia brasileira deste século. Como os poemas deste *Farewell*, que ele deu por concluído e ali deixou, embalado numa pasta de cartolina azul-claro, pouco antes de morrer, a 17 de agosto de 1987.

O ninho do poeta era esse cômodo prosaico, um dos quatro quartos do apartamento 701 do Edifício Luiz Felipe, na rua Conselheiro Lafaiette, em Ipanema, onde morava, com a mulher, Dolores, desde 1962. Até 1984, quando se libertou da obrigação de escrever crônica três vezes por semana, Drummond costumava aboletar-se em seu refúgio pelas 9 da manhã, já com o café tomado e os jornais lidos. Mesmo sem crônica, não tardava a se fazer ouvir o tec-tec da máquina onde ele escrevia praticamente tudo. Durante muitos anos, uma Olivetti Studio cinza, depois uma Remington bege. (Houve, ainda, nos anos 70, o brevíssimo interregno da máquina elétrica, dessas de bolinha, que Dolores lhe deu num aniversário e com a qual não houve jeito de se acertar. A modernidade foi repassada a Maria Julieta, a filha única, e foi acabar em Buenos Aires, nas mãos de Manolo, o poeta e advogado argentino Manuel Graña Echeverry, genro de Drummond.)

Era sagrada, a certa altura da manhã, a pausa para a xícara de café e a fatia de queijo-de-minas que Dolores lhe trazia. O almoço, pontualmente às 12:30, interrompia a função, em geral retomada depois do jantar, servido às 19:30.

A máquina de escrever ficava sobre a velha mesa de madeira ocre, com quatro gavetas de cada lado e uma no centro, dividindo o espaço com pequenos objetos: pesos de vidro para papéis, uma escultura metálica em forma de pacotinho, um copo de louça com paisagem da Itabira do poeta. Outra mesinha, bem à mão, era ocupada pelo telefone e alguns dicionários. Os três netos — Carlos Manuel, Luís Maurício e Pedro Augusto — lembram-se de que, de quando em quando, Carlos, como sem maior cerimônia o chamavam, pegava uma gilete e, com a entusiástica ajuda dos garotos, punha-se a raspar o tampo da mesa, removendo sinais de tinta deixados por sua Parker 51 e pela caneta dourada que herdou do pai. Com a passagem dos anos e da lâmina, a madeira acabou por ganhar cicatrizes e sinuosidades.

Cadeiras Drummond teve muitas, nenhuma delas de *pedigree* ou especial estima. Sentado à mesa, ele tinha à frente uma estante de livros — havia duas no escritório.

A parede branca às suas costas foi durante muitos anos dominada por um nu feminino do pintor italiano Enrico Bianco, seu amigo, assistente de Candido Portinari; ladeando esse quadro, um retrato de Dolores por outro artista amigo, o russo Dmitri Ismailovitch, e fotos do coronel Carlos de Paula Andrade, pai do escritor. Em outra parede havia uma cena de tourada, presente com dedicatória do poeta espanhol Rafael Alberti. Um dia Drummond resolveu transferir a obra de Bianco para o corredor, e o neto Pedro Augusto quis saber por quê. Não ficava bem, explicou Carlos, deixar entre a mulher e o pai uma senhorita em pêlo.

Para papear com o avô, volta e meia um dos meninos vinha empoleirar-se na vetusta cadeira de balanço que ficava a um canto, inspiradora talvez do título de um de seus livros de crônicas. Em férias no Rio de Janeiro, os netos argentinos receberam dele o que em seu país se chama "bandera libre", no caso permissão para mexer em tudo, e só quem se preocupava com tamanha franquia era a avó, temerosa de que sovertessem a papelada de Carlos.

E o que não faltava ali eram papéis, exemplarmente organizados em pastas de cartolina. As centenas de cartas, por exemplo, que ele trocou com a filha nas três décadas e meia em que viveram separados, de 1949 a 1983, ele no Rio, ela em Buenos Aires. Entre essas pastas, nos armários existentes na parte de baixo das estantes, havia uma relíquia que não impressionaria apenas os garotos: o envelope em que o pai do poeta guardou a chave do caixão de sua mãe, Rosa. Inesquecível, para os netos, como inesquecível era também o papelzinho manuscrito com "Recomendações de Mamãe" que o avô carregou na carteira até o fim: "1. Não guardes ódio de ninguém; 2. Compadece-te sempre dos pobres; 3. Cala os defeitos dos outros."

***

Era também nessas pastas ordinárias, em tons claros de azul ou verde, que Carlos Drummond de Andrade organizava seus originais e os entregava à editora. Na capa, com caneta, escrevia o título do livro, nisso pondo às vezes amostras de seu humor e de sua aptidão para o desenho. No caso de *O amor natural*, por exemplo, ao escrever o título na capa o poeta fez com que o artigo *O*, colocado em cima do primeiro *A*, sugerisse uma auréola de santo. Tinha grande gosto nessas travessuras gráficas, como os pequenos desenhos, as divertidas garatujas que estampava em seus cartões de Natal para a mulher.

As últimas obras que ele entregou pessoalmente à editora foram *Moça deitada na grama*, crônicas, e *O avesso das coisas*, aforismos, ambas publicadas postumamente, em 1987 e 1988. Também póstuma, a coletânea *Auto-retrato e outras* crônicas, de 1989, com textos inéditos em livro, não teve, contudo, a sua mão — foi organizada pelo escritor Fernando Py.

Os originais de *Poesia errante* (1988) e *O amor natural* (1992), além de *Farewell*, foram encontrados no escritório do poeta. O primeiro não estava inteiramente concluído e a forma final foi estabelecida por Pedro Augusto Graña Drummond e pela amiga Lygia Fernandes. Quanto a *O amor natural*, é um livro que Drum-

11

mond preferiu não ver publicado em vida — bem-humorado, dizia haver perdido "o bonde da pornografia", mesmo sabendo que o erotismo de seus versos passava muito ao largo de qualquer vulgaridade.

Farewell, a que veio incorporar-se o poema *Arte em exposição*, inicialmente destinado a constituir livro autônomo, chegou a ser finalizado pelo autor, que acondicionou, numa pasta azul-claro, as folhas soltas dos originais, datilografadas por ele e por Lygia Fernandes. Como no caso de *O amor natural*, mas não pela mesma razão, optou por adiar o lançamento para depois de sua morte. O título não deixa dúvida de que quis fazer dessa coletânea o fecho de sua produção poética.

Farewell inclui aqueles que, segundo Pedro Augusto, seriam os dois últimos poemas escritos pelo avô. *Os 27 filmes de Greta Garbo* foi inspirado num livro que lhe presenteou o neto Luís Maurício, conhecedor de sua incurável paixão pela mitológica atriz sueca. *Elegia a um tucano morto*, por sua vez, é homenagem ao tucano "Picasso", que Pedro ganhou da mulher, Adriana, e que morreu ingloriamente, depois de ter sido bicado por uma galinha. O derradeiro escrito de Drummond, porém, informa o neto, não foi este, e sim um texto em prosa, feito para ele e sem pretensão literária: um projeto para uma galeria de esculturas ambulante. Maria Julieta começou a escrevê-lo mas, com o agravamento da doença que a afligia havia anos, pediu ao pai que o terminasse. Ficou pronto em julho de 1987, um mês antes da morte de Maria Julieta, em 5 de agosto, e seis semanas antes do infarto que, despovoando o escritório da rua Conselheiro Lafaiette, levou o maior poeta brasileiro deste século.

UNIDADE

As plantas sofrem como nós sofremos.
Por que não sofreriam
se esta é a chave da unidade do mundo?

A flor sofre, tocada
por mão inconsciente.
Há uma queixa abafada
em sua docilidade.

A pedra é sofrimento
paralítico, eterno.

Não temos nós, animais,
sequer o privilégio de sofrer.

A CARNE ENVILECIDA

A carne encanecida chama o Diabo
e pede-lhe consolo. O Diabo atende
sob as mil formas de êxtase transido.
Volta a carne a sorrir, no vão intento
de sentir outra vez o que era graça
de amar em flor e em fluida beatitude.
Mas os dons infernais são novo agravo
à envilecida carne sem defesa,
e nada se resolve, e o aroma espalha-se
de flores calcinadas e de horror.

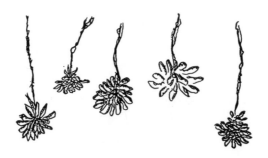

A CASA DO TEMPO PERDIDO

Bati no portão do tempo perdido, ninguém
[atendeu.
Bati segunda vez e outra mais e mais outra.
Resposta nenhuma.
A casa do tempo perdido está coberta de hera
pela metade; a outra metade são cinzas.

Casa onde não mora ninguém, e eu batendo e
[chamando
pela dor de chamar e não ser escutado.
Simplesmente bater. O eco devolve
minha ânsia de entreabrir esses paços gelados.
A noite e o dia se confundem no esperar,
no bater e bater.

O tempo perdido certamente não existe.
É o casarão vazio e condenado.

15

ACORDAR, VIVER

Como acordar sem sofrimento?
Recomeçar sem horror?
O sono transportou-me
àquele reino onde não existe vida
e eu quedo inerte sem paixão.

Como repetir, dia seguinte após dia seguinte,
a fábula inconclusa,
suportar a semelhança das coisas ásperas
de amanhã com as coisas ásperas de hoje?

Como proteger-me das feridas
que rasga em mim o acontecimento,
qualquer acontecimento
que lembra a Terra e sua púrpura
demente?
E mais aquela ferida que me inflijo
a cada hora, algoz
do inocente que não sou?

Ninguém responde, a vida é pétrea.

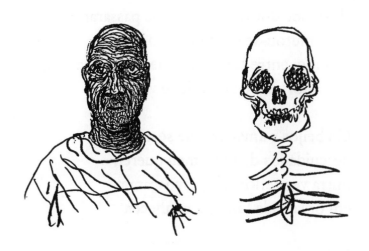

A GRANDE DOR DAS COUSAS
QUE PASSARAM

A grande dor das cousas que passaram*
transmutou-se em finíssimo prazer
quando, entre fotos mil que se esgarçavam,
tive a fortuna e graça de te ver.

Os beijos e amavios que se amavam,
descuidados de teu e meu querer,
outra vez reflorindo, esvoaçaram
em orvalhada luz de amanhecer.

Ó bendito passado que era atroz,
e gozoso hoje terno se apresenta
e faz vibrar de novo a minha voz

para exaltar o redivivo amor
que de memória-imagem se alimenta
e em doçura converte o próprio horror!

---

*Verso de Camões.

A ILUSÃO DO MIGRANTE

Quando vim da minha terra,
se é que vim da minha terra
(não estou morto por lá?),
a correnteza do rio
me sussurrou vagamente
que eu havia de quedar
lá donde me despedia.

Os morros, empalidecidos
no entrecerrar-se da tarde,
pareciam me dizer
que não se pode voltar,
porque tudo é conseqüência
de um certo nascer ali.

Quando vim, se é que vim
de algum para outro lugar,
o mundo girava, alheio
à minha baça pessoa,
e no seu giro entrevi
que não se vai nem se volta
de sítio algum a nenhum.

Que carregamos as coisas,
moldura da nossa vida,
rígida cerca de arame,
na mais anônima célula,
e um chão, um riso, uma voz
ressoam incessantemente
em nossas fundas paredes.

Novas coisas, sucedendo-se,
iludem a nossa fome
de primitivo alimento.
As descobertas são máscaras
do mais obscuro real,
essa ferida alastrada
na pele de nossas almas.

Quando vim da minha terra,
não vim, perdi-me no espaço,
na ilusão de ter saído.
Ai de mim, nunca saí.
Lá estou eu, enterrado
por baixo de falas mansas,
por baixo de negras sombras,
por baixo de lavras de ouro,
por baixo de gerações,
por baixo, eu sei, de mim mesmo,
este vivente enganado,
        [enganoso.

A LOJA FEMININA

Cinco estátuas recamadas de verde
na loja, pela manhã, aguardam o acontecimento.
É próprio de estátuas aguardar sem prazo e
                              [cansaço
que os fados se cumpram ou deixem de
                              [cumprir-se.
Nenhuma ruga no imobilismo
de figurinos talhados para o eterno
que é, afinal, novelo de circunstâncias.

Iguais as cinco, em postura vertical,
um pé à frente do outro, quase suspenso
na hipótese de vôo, que não se consumará,
em direção da porta sonora
a ser aberta para alguém desconhecido
— Vênus certamente, face múltipla —
assomar em tom de pesquisa,
apontando o estofo, o brinco, o imponderável
que as estátuas ocultam em sigilo de espelhos.

Passaram a noite em vigília,
nasceram ali, habitantes de aquário,

programadas em uniformes verde-musgo
para o serviço de bagatelas imprescindíveis.

Sabem que Vênus cedo ou tarde,
provavelmente tarde e sem pintura,
chegará.
Chega, e o simples vulto
aciona as esculturas.

Ao cintilar de vitrinas e escaninhos,
objetos deixam de ser inanimados.
Antes de chegar à pele rósea,
a pulseira cinge no ar o braço imaginário.
O enfeite ocioso ganha majestade
própria de divinos atributos.
Tudo que a nudez torna mais bela
acende faíscas no desejo.
As estátuas sabem disto e propiciam
a cada centímetro de carne
uma satisfação de luxo erótico.

O ritmo dos passos e das curvas
das cinco estátuas vendedoras
gera no salão aveludado
a sensação de arte natural
que o corpo sabe impor à contingência.
Já não se tem certeza se é comércio

ou desfile de ninfas na campina
que o *spot* vai matizando em signos verdes
como tapeçaria desdobrante
do verde coletivo das estátuas.

Hora de almoço.
Dissolve-se o balé sem música no recinto.
Não há mais compradoras. Hora de sol
batendo nos desenhos caprichosos
de manso aquário já marmorizado.
As estátuas regressam à postura
imóvel de cegonhas ou de guardas.
São talvez manequins, de moças que eram.
O viço humano perde-se no artifício
de coisas integrantes de uma loja.
Se estão vivas, não sei. Se acaso dormem
o dormir egípcio de séculos,
se morreram (quem sabe), se jamais
existiram, pulsaram, se moveram,
não consigo saber, pois também eu
invisível na loja me dissolvo
nesse enigma de formas permutantes.

APARIÇÃO AMOROSA

Doce fantasma, por que me visitas
como em outros tempos nossos corpos se
                              [visitavam?
Tua transparência roça-me a pele, convida
a refazermos carícias impraticáveis: ninguém
                              [nunca
um beijo recebeu de rosto consumido.

Mas insistes, doçura. Ouço-te a voz,
mesma voz, mesmo timbre,
mesmas leves sílabas,
e aquele mesmo longo arquejo
em que te esvaías de prazer,
e nosso final descanso de camurça.

Então, convicto,
ouço teu nome, única parte de ti que não se
                              [dissolve
e continua existindo, puro som.
Aperto... o quê? a massa de ar em que te
                              [converteste
e beijo, beijo intensamente o nada.

Amado ser destruído, por que voltas
e és tão real assim tão ilusório?
Já nem distingo mais se és sombra
ou sombra sempre foste, e nossa história
invenção de livro soletrado
sob pestanas sonolentas.
Terei um dia conhecido
teu vero corpo como hoje o sei
de enlaçar o vapor como se enlaça
uma idéia platônica no espaço?

O desejo perdura em ti que já não és,
querida ausente, a perseguir-me, suave?
Nunca pensei que os mortos
o mesmo ardor tivessem de outros dias
e no-lo transmitissem com chupadas
de fogo aceso e gelo matizados.

Tua visita ardente me consola.
Tua visita ardente me desola.
Tua visita, apenas uma esmola.

ARISTOCRACIA

O Conde de Lautréamont
era tão conde quanto eu
que sendo o nobre Drummond
valho menos que um plebeu.

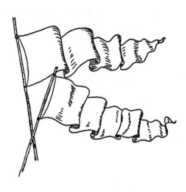

ARTE EM EXPOSIÇÃO

CASAMENTO DE SAO FRANCISCO DE ASSIS COM A POBREZA (*Sasseta*)

O amor te escolheu
por seres a mais casta
entre virgens ideais.
A união é do ar
e da água e do pão
em migalhas.

AUTO-RETRATO (*Soutine*)

Sou eu ou não sou eu?
Sou eu ou sou você?
Sou eu ou sou ninguém,
e ninguém me retrata?

MÚSICOS CEGOS (*Velasquez*)

Violino e guitarra são videntes,
olham pelos olhos dos cantantes.

RETRATO DE MADAME HÉROTERNE (*Modigliani*)

Plantada na torre do pescoço
a cabeça, na altura,
mal percebe nossas inquietações de planície.

O GRITO (*Munch*)

A natureza grita, apavorante.
Doem os ouvidos, dói o quadro.

LEDA (*Da Vinci*)

Já gozaste demais, diz Leda ao cisne.
Que venha logo Jove cataclismo.

GENTIL HOMEM BÊBADO (*Carrá*)

De Baudelaire o conselho:
É preciso estar sempre bêbado.
Além do imaginário e do real
é preciso estar sempre sóbrio
para pintar a bebedeira.

ODALISCA VERMELHA (*Matisse*)

A indolência da odalisca em rosa rubra
respira paz de lânguido fervor.
A sensualidade se dilui:
pura cor.

A CADEIRA (*Van Gogh*)

Ninguém está sentado
mas adivinha-se o homem angustiado.

A CIGANA ADORMECIDA (*Henri Rousseau*)

Para te acordar
do sono profundo
disfarço-me: leão
que ao te roçar
esquece a missão.

A PONTE DE MANTES (*Corot*)

Assim quisera eu ser:
ponte árvore canoa água serena
ignorante de tudo mais bem longe.

A ANUNCIAÇÃO (*Fra Angelico*)

O anjo desprende-se da arquitetura
para dar a notícia
precisamente conforme a traça
de sublime arquiteto.

ALMOÇO SOBRE A RELVA (*Manet*)

Conversamos placidamente
junto da nudez
que pela primeira vez
não nos alucina.

VÊNUS E O ORGANISTA (*Ticiano*)

O som envolve a nudez
e chega ao cachorrinho.
O músico esquece a partitura.
As pulseiras de Vênus não escutam.

TIRADENTES (*Portinari*)

Fez-se a burocrática justiça.
O trono dorme invencível vingado.

Postas de carne do sonhador
referem o caminho das minas.

CAFÉ NOTURNO (*Van Gogh*)

Alucinação de mesas
que se comportam como fantasmas
reunidos
solitários
glaciais.

TRANSVERBERAÇÃO DE SANTA TERESA
(*Bernini*)

Visão celestial, doce delírio.
Da cabeça aos pés nus
êxtase (orgasmo?) relampeia.

RETRATO DO CASAL ARNOLFINI (*Jan van Eyck*)

A imagem reproduz-se até o sem-fim.
O casal sem filhos
gera continuamente nos espelhos
a imagem de perpétuo casamento.

SALOMÉ (*Giorgione*)

Que instinto maternal, que suavidade
embala esta cabeça decepada?

VÊNUS ADORMECIDA (*Giorgione*)

Acalenta no sono
o púbis acordado.

JARDIM DO MANICÔMIO (*Van Gogh*)

O jardim onde passeia a ausência de razão
é todo ele ordem natural.
A terra acolhe o desvario
que assimila a verdura e a leveza do ar.

VOLTAIRE (*Houdon*)

O mundo não merece gargalhada. Basta-lhe
sorriso de descrença e zombaria.

SAPATOS (*Van Gogh*)

Cansaram-se de caminhar
ou o caminho se cansou?

AUTO-RETRATO COM COPO DE VINHO
(*Chagall*)

Seja celebrada a alegria nas alturas
por cima dócil das mulheres.
A cavalo melhor se chega ao céu.

QUADRO I (*Mondrian*)

Universo passado a limpo.
Linhas tortas ou sensuais desaparecem.
A cor, fruto de álgebra, perdura.

CARNAVAL DE ARLEQUIM (*Miró*)

Descobri que a vida é bailarina
e que nenhum ponto inerte
anula o viravoltear das coisas.

FUZILAMENTO NA MONCLOA *(Goya)*

Balé de tiros gritos corpos derrubados.
A lanterna tranqüila
acena para a esperança da Ressurreição.

AS TRÊS GRAÇAS *(Rubens)*

Curvilíneos volumes se consultam
e concluem:
Beleza é redundância.

PIETÀ *(Miguel Ângelo)*

Dor é incomunicável.
O mármore comunica-se,
acusa-nos a todos.

A DUQUESA DE ALBA *(Goya)*

Ser o cachorrinho da Duquesa
é de certo modo
ser uma partícula da Duquesa.

GIOCONDA (*Da Vinci*)

O ardiloso sorriso.
alonga-se em silêncio
para contemporâneos e pósteros
ansiosos, em vão, por decifrá-lo.
Não há decifração. Há o sorriso.

RETRATO DE ERASMO DE ROTTERDAM
(*Quentin Metsys*)

Santidade de escrever,
insanidade de escrever
equivalem-se. O sábio
equilibra-se no caos.

AS IDENTIDADES DO POETA

De manhã pergunto:
Com quem se parece Fernando Pessoa?
Com seus múltiplos eus, expostos, oblíquos
em véu de garoa?
Com tripulantes-máscaras de esquiva canoa?
Com elfo imergente
em frígida lagoa?
Com a garra, a juba, o pêlo amaciado
de velha leoa?

Quem radiografa, quem esclarece
Fernando Pessoa,
feixe de contrastes, união de chispas,
aluvião de lajes
figurando catedral ausente de cardeais,
com duendes oficiando absconso ritual
vedado a profanos?

Que sina, frustrado destino, foi a coroa
desse Pessoa,
morto redivivo, presentifuturo
no céu de Lisboa?

Que levava (leva) no bolso
Fernando Reis de Campos Caeiro Pessoa:
irônico bilhete de identidade,
identity card
válido por cinco anos ou pela eternidade?

Que leva na alma:
augúrios de sibila,
Portugal a entristecer,
a desastrosa máquina do universo?

Fernando Pessoa caminha sozinho
pelas ruas da Baixa,
pela rotina do escritório
mercantil hostil
ou vai, dialogante, em companhia
de tantos si-mesmos
que mal pressentimos
na seca solitude
de seu sobretudo?

Afinal, quem é quem, na maranha
de fingimento que mal finge
e vai tecendo com fios de astúcia
personas mil na vaga estrutura
de um frágil Pessoa?

Quem apareceu, desapareceu na proa
de nave-canção
e confunde nosso pensar-sentir
com desconforto de ave poesca
e doçura de flauta de Pã?

À noite divido-me:
anseio saber,
prefiro ignorar
esse enigma chamado Fernando Pessoa.

A UM AUSENTE

Tenho razão de sentir saudade,
tenho razão de te acusar.
Houve um pacto implícito que rompeste
e sem te despedires foste embora.
Detonaste o pacto.
Detonaste a vida geral, a comum aquiescência
de viver e explorar os rumos de obscuridade
sem prazo sem consulta sem provocação
até o limite das folhas caídas na hora de cair.

Antecipaste a hora.
Teu ponteiro enlouqueceu, enlouquecendo
                              [nossas horas.
Que poderias ter feito de mais grave
do que o ato sem continuação, o ato em si,
o ato que não ousamos nem sabemos ousar
porque depois dele não há nada?

Tenho razão para sentir saudade de ti,
de nossa convivência em falas camaradas,
simples apertar de mãos, nem isso, voz

modulando sílabas conhecidas e banais
que eram sempre certeza e segurança.

Sim, tenho saudades.
Sim, acuso-te porque fizeste
o não previsto nas leis da amizade e da natureza
nem nos deixaste sequer o direito de indagar
porque o fizeste, porque te foste.

BORDÃO

Em torno de um bordão organiza-se o espírito.
O bordão, seu poder e sua circunstância.
Nada ocorre de belo, nada ocorre de mal
fora da sonoridade do bordão.

Repetir é viver e criar ressonâncias
constringidas pelo muro de um jardim
que não chega a florir e esparze cicatrizes
de begônias violáceas em hora de sentir.

De sentir ou voltar à pauta do bordão,
de asas presas no sótão ou no campo filmado?
Que se escuta afinal ou não se escuta mais
no pingar repetido, no vácuo prefixado
　　　　　　[de sempiterno bordão?

CABARÉ PALÁCIO

A história de Minas passa um momento na Rua
                                    [Guaicurus
— é noite, a luz espanta lobisomens —
sobre a escada sonora, e no salão repleto,
entre ruivas, louras, morenas, índias e mulatas
vindas de Montevidéu, Buenos Aires, Madri e
                                    [Tremedal
saúda respeitosamente
Madame Olímpia Vazquez Garcia,
senhora da Galiza e do puteiro belorizontino.
Cessam
tricas e futricas do jogo político das Alterosas,
lamentos de esmagados, filáucias de
                        [proponentes,
rumor de escravos escavando ouro e morte nas
                        [galerias de Morro Velho,
procissões de formigas cuiabanas tosando
                        [meticulosamente talos verdes,
fantasmas de mulas de latim debruçados
                        [sobre ex-alunos do Caraça,
tiros à sorrelfa (letais) nas emboscadas de
                        [Manhuaçu.
Cessa tudo que a vida morna ostenta,

que outro valor, de Vigo, se alevanta
e acolhe a prosternada
turibulação mineira de pau duro
ou já deficitária, não importa,
mas sempre a Eros erguendo novas aras.

Conspícuos pais-da-pátria,
flamívomos tribunos,
banqueiros, coronéis, beneméritos da Santa Casa
[de Misericórdia,
algum Secretário da Fazenda encapuzado
em hidrófilo sigilo,
respeitáveis chefes de família respeitabilíssima
ofertam a Madame Olímpia a catléia de louvor
que ela recebe altiva e sagrada qual Minerva.

Sua ampla testa lisa
encarna o poder
sobre rebanhos, apólices e complexos de Minas Gerais
e a procissão noturna espoca em febre
de bolhas beijos bolinações babas de batom.

Salve
Imperatriz da farra honesta dos montanheses
que de dia cultivam Platão, o Dever, a
[Democracia,
tropeçando nos quartos sanguinolentos de
[Tiradentes,
e à noite estendem a vossos pés galegos
sua vocação de orgia e aniquilamento no
[esperma.

CANÇÃO FINAL

Oh! se te amei, e quanto!
Mas não foi tanto assim.
Até os deuses claudicam
em nugas de aritmética.

Meço o passado com régua
de exagerar as distâncias.
Tudo tão triste, e o mais triste
é não ter tristeza alguma.

É não venerar os códigos
de acasalar e sofrer.
É viver tempo de sobra
sem que me sobre miragem.

Agora vou-me. Ou me vão?
Ou é vão ir ou não ir?
Oh! se te amei, e quanto,
quer dizer, nem tanto assim.

CANÇÃO FLAUTIM

Se gostasses de mim,
ai, se gostasses,
se gostasses de mim
— serenim —
era tudo alecrim.

Se gostasses de mim
— mirandolim —
eu morria. Morria?
de gozo no sem-fim.

E gostaste. Gostavas?
de mim.
Era tão sem aviso,
era tão sem propósito
— trancelim —
e eu saltava, delfim.

E dançava, tchim,
sem notar, ai de mim:
Não era tanto assim.
Gonçalim.

Já não gostas de mim.
É fácil percebê-lo.
Vagueio pepolim
a caminho de nada.
Saponim.

Restaria o gerânio,
a senha no jardim?
O lenço ou a colcheia
no róseo bandolim
do ventre da joaninha?

Candorim?
Xerafim?

Mal gostasses de mim,
outra vez carmesim
eu morria, eu vivia
de gozo por três vezes.
mirá, mirandolim.

Pelo gozo passado
em faro de jasmim
— palanquim —
pelo gozo presente
no metal do clarim
— trampolim —

pelo gozo futuro
em verso folhetim
— farolim —
que farei deste sim?

Se gostares de novo
seremos o festim
no parque, na piscina
ou no estrapotim,
em relva entrelaçados
um tintim noutro tim
seremos o marfim
de lavor impecável
na infinda perspectiva
do fim.

Se não
gostares mais de mim
de mim de mim de mim,
sumirei na voragem
no báratro, no pélago
— votorantim —
no vórtice abissal
da tristeza total
do cálculo de rim.

Ah, se gostasses de mim!

CORAÇÃO-DE-CARLOS

Coração-de-Carlos, estrela
que não vislumbro no céu
mas palpito só de vê-la
cravada no meu chapéu,

o qual de resto não uso
desde tempos imemoriais,
embora não fosse druso
nenhum dos meus ancestrais.

DESLIGAMENTO

Ó minh'alma, dá o salto mortal e desaparece na
                    [bruma, sem pesar!
Sem pesar de ter existido e não ter saboreado o
                    [inexistível.
Quem sabe um dia o alcançarás, alma conclusa?

Ó minh'alma, irmã deserta, consola-te de me
                    [teres habitado,
se não fui eu que te habitei, hóspede maligno,
com irritação, com desamor, com desejo de
                    [ferir-te:
que farei sem ti, agora que te despedes
e não prometes lembrar este corpo destituído?

Ó minha, ó de ninguém, ó alma liberta,
a parceria terminou, estamos quites!

DIANTE DE UMA CRIANÇA

Como fazer feliz meu filho?
Não há receitas para tal.
Todo o saber, todo o meu brilho
de vaidoso intelectual

vacila ante a interrogação
gravada em mim, impressa no ar.
Bola, bombons, patinação
talvez bastem para encantar?

Imprevistas, fartas mesadas,
louvores, prêmios, complacências,
milhões de coisas desejadas,
concedidas sem reticências?

Liberdade alheia a limites,
perdão de erros, sem julgamento,
e dizer-lhe que estamos quites,
conforme a lei do esquecimento?

Submeter-me à sua vontade
sem ponderar, sem discutir?
Dar-lhe tudo aquilo que há
de entontecer um grão-vizir?

E se depois de tanto mimo
que o atraia, ele se sente
pobre, sem paz e sem arrimo,
alma vazia, amargamente?

Não é feliz. Mas que fazer
para consolo desta criança?
Como em seu íntimo acender
uma fagulha de confiança?

Eis que acode meu coração
e oferece, como uma flor,
a doçura desta lição:
dar a meu filho meu amor.

Pois o amor resgata a pobreza,
vence o tédio, ilumina o dia
e instaura em nossa natureza
a imperecível alegria.

DOIS SONHOS

O gato dorme a tarde inteira no jardim.
Sonha (?) tigres enviesados a chamá-lo
para a fraternidade no jardim.
Gato sonhando, talvez sonho de homem?

Continua dormindo, enquanto ignoro
a natureza e o limite do seu sonho
e por minha vez
também me sonho (inveja) gato no jardim.

DURAÇÃO

Fortuna, ó Glória, se evapora,
e a glória se esvanece, Glória.
Não assim o cisco da hora
— nossa —, que desdenhou a História.

Há de restar, Glória — ossatura
desfeita embora em linha espúria —
de modo, Glória, que a criatura,
morta, de amor ostente a fúria.

ELEGIA A UM TUCANO MORTO

Ao Pedro

O sacrifício da asa corta o vôo
no verdor da floresta. Citadino
serás e mutilado,
caricatura de tucano
para a curiosidade de crianças
e indiferença de adultos.
Sofrerás a agressão de aves vulgares
e morto quedarás
no chão de formigas e de trapos.

Eu te celebro em vão
como à festa colorida mas truncada,
projeto da natureza interrompido
ao azar de peripécias e viagens
do Amazonas ao asfalto
da feira de animais.
Eu te registro, simplesmente,
no caderno de frustrações deste mundo
pois para isto vieste:
para a inutilidade de nascer.

ENUMERAÇÃO

Velhos amores incompletos
no gelo seco do passado,
velhos furores demenciais
esmigalhados no mutismo
de demônios crepusculares,
velhas traições a doer sempre
na anestesia do presente,
velhas jogadas de prazer
sem a menor deleitação,
velhos signos de santidade
atravessando a selva negra
como cervos escorraçados,
velhos gozos de torva índole,
velhas volúpias estagnadas,
velhos braços e mãos e pés
em transtornada oscilação
logo detida, velhos choros
que não puderam ser chorados,
velhos issos, velhos aquilos
dos quais sequer me lembro mais...

ESCRAVO EM PAPELÓPOLIS

Ó burocratas!
Que ódio vos tenho, e se fosse apenas ódio...
É ainda o sentimento
da vida que perdi sendo um dos vossos.

FERA

Às vezes o tigre em mim se demonstra cruel
como é próprio da espécie.
Outras, cochila
ou se enrosca em afago emoliente
mas sempre tigre; disfarçado.

FORA DE HORA

Entrega fora de hora
e posse fora de hora.
Quem mandou
você atrasar a hora,
você apressar a hora,
você aceitar a hora
não madurada
ou demasiado madura?

O tempo fora de hora
não é tempo nem é nada.
O amor fora de hora
é como rolar a escada.

GLAURA REVIVIDA

Certa rua começa algures e vem dar no meu
                                [coração.
Nessa rua passa um conto feito de pedacinhos
                                [de histórias
de ouro, de velhos, de estrume, de seleiros
                                [falidos.
Nessa rua acaba de passar
a menina-e-moça de tranças e *blue jeans* pela
                                [calçada.
É um violão andando, um som
unindo algures de ontem a nenhures de
                                [eternidade.

IMAGEM, TERRA, MEMÓRIA

Sobre uma coleção de velhas fotografias de
Brás Martins da Costa

I

Vejo sete cavaleiros
em suas selas e silhões.
As diferentes idades não
distinguem uns dos outros.
Os varões, as amazonas,
os meninos, seus corcéis
e suas mulas serenas
estacaram. Dentro em pouco
vai começar a viagem
no país do mato-fundo.
Eles sete nos convidam
a percorrer este mundo
miudinho dentro do mundo
e grande maior que o mundo
em cada lasca de ferro
     cada barba
     cada reza
     cada enterro
     mato-dentro.

II

Aqui chegamos pois à velhice do Guarda-Mor
com seus quarenta e seis descendentes em volta,
sua mocidade revolucionária ao lado de Teófilo
                              [Ottoni,
marcando o fim da era do Oitocentos
e um silêncio de igreja que a procissão
vai incensando, vai gregoriando pelas ruas
                              [principais.
Súbito, a menina crucificada
na postura de Cristo repete o holocausto
que os pecadores insistem em não compreender.
É indispensável, é urgente levantar o cruzeiro,
sinal de culpa e resgate
sobre interesses e podres de família,
sobre fazendolas hipotecadas
de gado, milho, café, carrapato redoleiro,
erguê-lo à altura majestática do Pico do Cauê,
se não mais alto, muito mais ainda.
Braços robustos tiram-no do chão
e o vão alçando com fervor e suor
até que ele paire sobre as consciências
                              [arrependidas.
Os padres, o Senhor Bispo, o Santo Padre
                              [invisível-presente
velam o sono, vigiam o acordar e o labutar do
                              [povo,

entre velocípedes, ornatos florais,
cães fiéis aos pés de seus donos de botas
e uma honrada banda de música, Euterpe
[morena,
a encher de arte e vibração o território parado.

III

Olha
a ambigüidade melancólica do rosto dessa
[mulher à janela
que abre para mares impossíveis de liberdade,
enquanto passa em cortejo o alvo corpo do
[anjinho
no rumo direto do céu
onde com minha Mãe estarei, estaremos todos
na santa glória um dia.

Moças, ó moças
que emergis da piscina do tempo sem uma ruga
a marcar vossos rostos:
no pesado gorgorão dos vestidos de missa,
ressuscitais a moda abolida, a sempre moda.
Na chapa de vidro descoberta no arcaz
gravada ficou a beleza que a opressão familiar
não empalidece, não destrói.

Belas não obstante as proibições seculares
que vos condenavam ao casamento sem amor,
                        [ao sexo abafado,
ao tio-com-sobrinha, ao primo rico ou de
                        [futuro,
moças do Rio Doce de perfume silvestre,
hoje pousais no solo abstrato,
esse amplo solo que a memória estende
sobre o vazio de extintas gerações.

IV

Fecho este álbum? Ou nele me fecho
em urna luminosa onde converso e valso,
discuto compra e venda, barganha, distrato,
promessa de santo, construção de cerca,
briga de galo, universais assuntos?
Os sete cavaleiros se despedem.
Só agora reparo:
Vai-me guiando Brás Martins da Costa,
sutil latinista, fotógrafo amador,
repórter certeiro,
preservador da vida em movimento.
Vai-me levando ao patamar das casas,
ao varandão das fazendas,
ao ínvio das ladeiras, à presença

patriarcal de Seu Antônio Camilo,
à ronha política de Seu Zé Batista,
ao semblante nobre do Dr. Ciriry,
às invenções de Chico Zuzuna,
aos garotos descalços de chapéu,
a todo o aéreo panorama
de serra e vale e passado e sigilo
que pousa, intato, no retrato.

A fotoviagem continua
ontem-sempre, mato a dentro,
imagem, vida última dos seres.

INVOCAÇÃO IRADA

Ficou o nome no tempero da comida,
nas fibras da carne
na saliva,
no ouro da mina ficou o nome.

Ó nome desleal que me escavacas
qual se fosses punhal ou fero abutre,
que te fiz para assim permaneceres
dentro de meu ser, se fora dele
não existes nem notícia te preserva?

Foge, foge de mim para tão longe
quanto alcance a mente humana delirante.
Suplico-te que deixes
um vácuo sem esperança de lotar,
amplo, soturno espaço irremediável,
mas deixa-me, larga-me, evapora-te
de toda a vida minha e meu pensar.

Sei que não me escutas,
és indiferente a todo apelo

nem dependes de teu próprio querer.
Gás flutuante,
perversa essência eterna torturante,
vai-te embora, vai,
anel satânico de vogais e consoantes
que esta boca repete sem querer.

LIBERDADE

O pássaro é livre
na prisão do ar.
O espírito é livre
na prisão do corpo.
Mas livre, bem livre,
é mesmo estar morto.

MISSÃO DO CORPO

Claro que o corpo não é feito só para sofrer,
mas para sofrer e gozar.
Na inocência do sofrimento
como na inocência do gozo,
o corpo se realiza, vulnerável
e solene.

Salve, meu corpo, minha estrutura de viver
e de cumprir os ritos do existir!
Amo tuas imperfeições e maravilhas,
amo-as com gratidão, pena e raiva intercadentes.
Em ti me sinto dividido, campo de batalha
sem vitória para nenhum lado
e sofro e sou feliz
na medida do que acaso me ofereças.

Será mesmo acaso,
será lei divina ou dragonária
que me parte e reparte em pedacinhos?
Meu corpo, minha dor,
meu prazer e transcendência,
és afinal meu ser inteiro e único.

71

NÃO PASSOU

Passou?
Minúsculas eternidades
deglutidas por mínimos relógios
ressoam na mente cavernosa.

Não, ninguém morreu, ninguém foi infeliz.
A mão — tua mão, nossas mãos —
rugosas, têm o antigo calor
de quando éramos vivos. Éramos?

Hoje somos mais vivos do que nunca.
Mentira, estarmos sós.
Nada, que eu sinta, passa realmente.
É tudo ilusão de ter passado.

NOITE DE OUTUBRO

Lua no apogeu.
Gama do Tucano brilha exageradamente.
O Zodíaco pesa-me sobre a cabeça,
rastro de pecado, crime que não perpetrei.

Que fiz para cercar-me de tantas, tamanhas
                                    [constelações
atentas ao nascimento e à morte deste corpo
como se ele fosse o Arquiduque do Mundo
e não esta lenta vírgula rastejante
no chão noturno da existência?

O MALVINDO

Vive dando cabeçada.
Navegou mares errados,
perdeu tudo que não tinha,
amou a mulher difícil,
ama torto cada vez
e ama sempre, desfalcado,
com o punhal atravessado
na garganta ensandecida.
Este, o triste cavaleiro
de tristíssima figura
que nem mesmo teve a graça
de estar ao lado de Alonso
e poder narrar eventos
nos quais entrou de mau jeito
mas com sabor de epopéia.
Nada a fazer com este tipo
avesso a qualquer romança
ou ode, apenas terráqueo,
ou nem isso, extraterráqueo,
de quem não se ouve um grito
mais além do que gemido,

nem uma palavra lúcida
varando o cerne das coisas
que esperam ser reveladas
e nós todos pressentimos.
Inútil corpo, alma inútil
se não transfunde alegria
e esperança de renovo
no universo fatigado
em que repousa e não ousa.
Sua ficha — foi rasgada,
por ausência de sinais.
Seu nome — por que sabê-lo?
E sua vida completa
já nem é vida, é jamais.

O PESO DE UMA CASA

La maison de mon père était vaste et commode
merecia de mim um soneto ou uma ode.

Eu não soube entendê-la e não soube trová-la.
Só resta, exígua estampa, o frescor de uma sala.

Aquela egrégia escada, aquela austera mesa
sumiram para sempre em lances de incerteza.

Caem móveis em pó, e ondulantes cortinas
deixaram de esvoaçar no silêncio de Minas.

Ouço o tlintlim de um copo, o espocar de uma
                                            [rolha,
sonidos hoje iguais ao virar de uma folha.

Cada tábua estalando em insônia sussurra
a longa tradição da família casmurra.

E os passos dos antigos, a grita das crianças
migram do longe-longe em parábolas mansas.

Perco-me a visitar a clausura dos quartos
e neles eis entrevejo no escorrer de lagartos,

formas acidentais de uma angústia infantil
a estruturar-se logo em castelo febril.

Sou eu só a portar o peso dessa casa
que afinal não é mais que sepultura rasa.

O REI MENINO

O estandarte do Rei não é de púrpura e brocado,
é um lírio flutuante sobre o caos
onde ambições se digladiam
e ódios se estraçalham.
O Rei vem cumprir o anúncio da Isaías:
vem para evangelizar os brutos,
consolar os que choram,
exaltar os cobertos de cinza,
desentranhar o sentido exato da paz,
magnificar a justiça.

Entre Belém e Judá e Wall Street
no torvelinho de negações e equívocos,
a vergasta de luz deixa atônitos os fariseus.
Cegos distinguem o sinal,
surdos captam a melodia de anjos-cantadores,
mudos descobrem o movimento da palavra.
O Rei sem manto e sem jóias,
nu como folha de erva,
distribui riquezas não tituladas.
Oferece a transparência

da alma liberta de cuidados vis.
As coisas já não são as antigas coisas
de perecível beleza
e o homem não é mais cativo de sua sombra.
A limitação dos seres foi vencida
por uma alegria não censurada,
graça de reinventar a Terra,
antes castigo e exílio,
hoje flecha em direção infinita.

O Rei, criança,
permanecerá criança mesmo sob vestes trágicas
porque assim o vimos e queremos,
assim nos curvamos diante do seu berço
tecido de palha, vento e ar.

Seu sangrento destino prefixado não dilui
a luminosidade desta cena.
O menino, apenas um menino,
acima das filosofias, da cibernética e dos dólares,
sustenta o peso do mundo
na palma ingênua das mãos.

O SEGUNDO, QUE ME VIGIA

Implacável ponteiro dos segundos.
Não, não quero este decassílabo.
O que eu queria dizer era:
O segundo, não o tempo, é implacável.
Tolera-se o minuto. A hora suporta-se.
Admite-se o dia, o mês, o ano, a vida,
a possível eternidade.
Mas o segundo é implacável.
Sempre vigiando e correndo e vigiando.
De mim não se condói, não pára, não perdoa.
Avisa talvez que a morte foi adiada
ou apressada
por quantos segundos?

OS VASOS SERENOS

Em porcelana cores vivem o par antigo
que se permite jogos de gesto e murmúrio
sem lascívia, despidos de ânsia.
Estão apenas ali, figurinhas de Saxe ou Delft,
enlevo de colecionadores,
registro de catálogos,
ausentes de amor, amor vitrificado.

OS 27 FILMES DE GRETA GARBO

27, tem certeza? Não importa.
Para mim são 24. Lembra-me bem.
Conto um por um, de 1926
a 1941, de vida contínua.
De minha vida. De The Torrent a Two-faced
                                    [woman.
Entre os dois, um abismo
onde aprisionei, para meu gozo, Greta Garbo.
Ou ela me aprisionou?
Será que não houve nada disso?
Alucinação, apenas?
O tempo é imperscrutável. São tudo visões.
Greta Garbo, somente uma visão, e eu sou outra.
Neste sentido nos confundimos,
realizamos a unidade da miragem.
É assim que ela perdura
no passado irretratável e continua no presente,
esfinge andrógina que ri
e não se deixa decifrar.

Contei-os todos: 24 filmes americanos. Meus.
Não me interessam diretores.
Monta Bell, Fred Niblo, Clarence Brown,
nem penso em Edmund Goulding, para mim
                              [não existem
Victor Seastrom, Sidney Franklin, John S.
                              [Robertson.
Esqueço Jacques Feyder, esqueço Robert Z.
                              [Leonard,
de que me serve George Fitzmaurice, não
                              [careço
de Rouben Mamoulian e Richard Boleslawski,
para o inferno com George Cukor,
e com ele Lubitsch!
Dela quiseram fazer uma ninfa obediente,
autômato de impulsos programados.
Foram vencidos.
E que farei de seus galãs? Tenho pena
de meros circunstantes entulhando
a rota de alva solidão.
Não vou sequer nomeá-los. Sombras-sombras
que um dia tremularam... se apagando.

Todo o espaço é ocupado por Greta Garbo
na mínima tela dos olhos, na imensa
perspectiva do jovem de 24 anos, e de 24 filmes

a desfilarem até o espectador beirando 40 anos,
que já tem suas razões de descrer e deslembrar
e não deslembra. Sempre a seu lado Greta
                                    [Garbo.
Caminhamos juntos. Não nos falamos. Não é
                                    [importante.
Súdito da Rainha Cristina, atento à voz de
                                    [contralto
de Ana Christie, espião da espiã Mata Hari,
disfarço-me de groom no Grande Hotel
para conferi-la na intimidade sem véus de
                                    [bailarina.

Não julgo seus adultérios burgueses
nem me revolta sua morte espatifada contra a
                                    [árvore
ou sob as rodas da locomotiva.
Sou seu espelho, seu destino.
Faço-me o que ela deseja. As you desire me.
e aprofundo a lição de Pirandello
na ambigüidade do cinema. Que é um filme?

Que é a realidade do real.
ou da ficção?
Que é a personagem de uma história
mostrada no escuro, sempre variável,

sempre hipótese,
na caleidoscópica identidade da intérprete?

Como posso acreditar em Greta Garbo
nas peles que elegeu
sem nunca se oferecer de todo para mim,
para ninguém?
Enganou-me todo o tempo. Não era mito
como eu pedia. Escorregando entre os dedos
que tentavam fixá-la,
Marguerite Gauthier, Lillie Sterling
Susan Lenox, Rita Cavallini,
Arden Stuart,
Marie Walewska, água, água, múrmura água
deslizante,
máscaras tapando a grande máscara
para sempre invisível.
A vera Greta Garbo não fez os filmes
que lhe atribui minha saudade.
Tudo se passou em pensamento.
Mentem os livros, mentem os arquivos
da ex-poderosa Metro Goldwin Mayer.

Agora estou sozinho com a memória
de que um dia, não importa em sonho,
imaginei, maquiei, vesti, amei Greta Garbo.

E esse dia durou 15 anos.
E nada se passou além do sonho
diante do qual, em torno ao qual, silencioso,
fatalizado,
fui apenas voyeur.

PERTURBAÇÃO

Quando estou, quando estou apaixonado
tão fora de mim eu vivo
que nem sei se vivo ou morto
quando estou apaixonado.

Não pode a fera comigo
quando estou, quando estou apaixonado,
mas me derrota a formiga
se é que estou apaixonado.

Estarei, quem, e entende, apaixonado
neste arco de danação?
Ou é a morta paixão
que me deixa, que me deixa neste estado?

POR QUE

Amor meu, minhas penas, meu delírio,
aonde quer que vás, irá contigo
meu corpo, mais que um corpo, irá um'alma,
sabendo embora ser perdido intento

o de cingir-te forte de tal modo
que, desde então se misturando as partes,
resultaria o mais perfeito andrógino
nunca citado em lendas e cimélios.

Amor meu, punhal meu, fera miragem
consubstanciada em vulto feminino,
por que não me libertas de teu jugo,
por que não me convertes em rochedo,

por que não me eliminas do sistema
dos humanos prostrados, miseráveis,
por que preferes doer-me como chaga
e fazer dessa chaga meu prazer?

QUEDA

A tarde cai. Nós caímos na tarde
numa antecipação de morte sem dor.
Em um desvão do corpo bruxuleia a chama
que o dia claro alimentava, ardência.

Cai a tarde... Como foi? tarde
é um cair na faixa sigilosa
do ser imóvel em que nos transformamos
a essa hora de exploração do dia,
                fria.

Não importa o sol regresse com o prestígio
de reinventar a vida albente.
A tarde, a triste tarde caiu. Caímos
imorredouramente.

REINAUGURAÇÃO

Entre o gasto dezembro e o florido janeiro,
entre a desmitificação e a expectativa,
tornamos a acreditar, a ser bons meninos,
e como bons meninos reclamamos
a graça dos presentes coloridos.
Nossa idade — velho ou moço — pouco importa.
Importa é nos sentirmos vivos
e alvoroçados mais uma vez, e revestidos de
      [beleza, a exata beleza que vem dos gestos
      [espontâneos
e do profundo instinto de subsistir
enquanto as coisas em redor se derretem e
                              [somem
como nuvens errantes no universo estável.
Prosseguimos. Reinauguramos. Abrimos olhos
                              [gulosos
a um sol diferente que nos acorda para os
descobrimentos.
Esta é a magia do tempo.
Esta é a colheita particular
que se exprime no cálido abraço e no beijo
                        [comungante,

no acreditar na vida e na doação de vivê-la
em perpétua procura e perpétua criação.
E já não somos apenas finitos e sós.
Somos uma fraternidade, um território, um país
que começa outra vez no canto do galo de 1º de
[janeiro
e desenvolve na luz o seu frágil projeto de
[felicidade.

RESTOS

O amor, o pobre amor estava putrefato.
Bateu, bateu à velha porta, inutilmente.
Não pude agasalhá-lo: ofendia-me o olfato.
Muito embora o escutasse, eu de mim era
[ausente.

ROMANCETES

I

A Rainha das Formigas ocultou-se
no monte-de-vênus de Miss Universo.
Todos pensaram que esta se tornara
[ninfomaníaca.

II

A flor da insônia, de pétalas espinhentas,
viceja nos jardins e nas democracias
e nenhum policial a percebe.

III

Na rua, mostro
as pernas normais,
porém na intimidade
uso as amputadas.

IV

Quinhentos homens precipitam-se
sobre a Virgem de Salerno
e, na confusão,
servem-se uns aos outros,
deixando a presa intata.

V

Os maus espíritos introduzem-se
na conversa, em forma de moscas.
Seus zumbidos apóiam ora um ora outro
interlocutor; babel.

VI

A molécula da memória, extraída
do cérebro de um rato,
inoculada no morto
cria nele um sistema perfeito de vivência
que faz vibrar o cemitério.

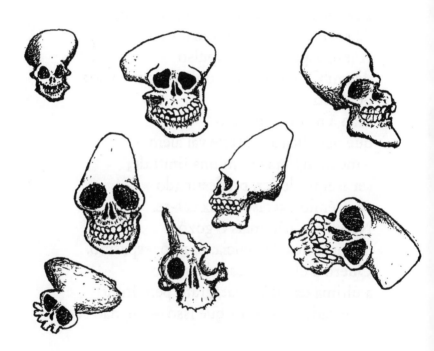

SONO LIMPO

Não mais o sonho, mas o sono limpo
de todo excremento romântico.
A isso aspiro, deus expulso
de um Olimpo onde sonhar eram versões
de existir.
Não à morte: ao sono
que petrifica a morte e vai além
e me completa em minha finitude,
ser isento de ser, predestinado
ao prêmio excelso de exalar-se.
Não mais, não mais o gozo
de instantes de delícia, pasmo, espasmo.
Quero a última ração do vácuo,
a última danação, parágrafo penúltimo
do estado — menos que isso — de não ser.

TÂNATOS TANAJURA

I

Tanajura
flor de chuva
chuviflor
em revôo
de arco-íris.

Erráticas
no ar escuro
que se aclara
ao sol da caça.

Foi o trovão,
        tanajura,
tempo de amar,
        tanajura,
tempinho de botar ovo
e de morrer,
        tanajura.

II

Corre-corre na rua
a colher na enxurrada
a chuvatanajura.

Na tonta procura,
qual a mais gordinha
rainha do reino obscuro?
Oi, tana, tana, tanajura,
morte bailante
na tarde impura.

Esta hei de guardá-la,
esta hei de querer-lhe
como ao gato, ao caramujo
de minha estimação.

VERBOS

Sofrer é outro nome
do ato de viver.
Não há literatura
que dome a onça escura.

Amar, nome-programa
de muito procurar.
Mas quem afirma que eu
sei o reflexo meu?

Rir, astúcia do rosto
na ameaça de sentir.
Jamais se soube ao certo
o que oculta um deserto.

Esquecer, outro nome
do ofício de perder.
Uma inútil lanterna
jaz em cada caverna.

Verbos outros imperam
em momentos acerbos.
Mas para que nomeá-los,
imperfeitos gargalos?

ZONA DE BELO HORIZONTE, ANOS 20

A festa de aniversário de Pingo de Ouro
acaba em frege.
Maria Pinguinho corre nervosa à delegacia
para soltar a Alemãzinha
engalfinhada com Maria Triste
no véu de cocaína e éter.

Serão sempre assim as mulheres perdidas,
e perdidas porque nunca se acham
mesmo no véu de cocaína e éter?

Posfácio

Silviano Santiago

1. A simplicidade da poesia de Carlos Drummond de Andrade

Os poemas de Carlos Drummond desconcertam e encantam pela simplicidade. Não é tarefa fácil definir a simplicidade em poesia, embora seja esta uma das características básicas da que foi escrita pelos poetas modernistas. Tradicionalmente, a poesia expressava-se por um tipo de texto obscuro e, ao mesmo tempo, convencional, onde a linguagem se mostrava opulenta, luxuriosa e esotérica, usando e abusando de comparações, metáforas e alegorias, exibindo enfim um estilo exaltado e sublime, onde todos os recursos clássicos da retórica — convencimento, sedução e mistério — eram os valores maiores a ser colocados à disposição do leitor.

Haja vista o antigo sucesso dos versos de Augusto dos Anjos, o mais obscuro e o mais popular dos poetas brasileiros. Parecia ele significar que — para o povo brasileiro até meados deste século — a poesia vivia e subsistia na cadência sonora das longas, preciosas e abstratas palavras proparoxítonas, que arrebentavam a boca do balão, deixando a pobreza da linguagem cotidiana na lama da sarjeta. Por escaparem da linguagem chã, é que os poemas de Augusto dos Anjos eram capazes de expressar e explicar, paradoxalmente, as emoções claras e as dores sombrias do homem comum brasileiro. A poesia tinha algo a ver com o latim que escutávamos todos em belas e comoventes litanias na hora da missa, mas cujo significado nos escapava por completo. Sentíamo-nos reconfortados moralmente, sabe-se lá como, ao sair da igreja. Uma língua sonora e opulenta, que escapava ao entendimento racional e ia ao encontro da sublimação da nossa miserável condição humana, tinha de ser a mais prezada nas alturas espirituais, lugar de onde vinha essa outra fala privilegiada, a da família real dos poetas.

Por fugir às regras da tradição, a simplicidade da poesia de Drummond (como a de outros modernistas) desconcertou nosso leitor habitual de poemas. Desde os anos 30, tornou-se peça de escárnio e de escândalo, mas também razão para repentina celebridade, o conhecido e iconoclasta poema "No meio do caminho": "No meio do caminho tinha uma pedra/ tinha uma pedra no meio do caminho." Por outro lado, essa simplicidade dos versos drummondianos encanta mais e mais o leitor de hoje, pouco ou nada acostumado à leitura de poemas (sejam os de Augusto dos Anjos ou os de J.G. de Araújo Jorge). Em algum momento do Brasil contemporâneo, impossível de ser precisado em termos de data, o povo perdeu o hábito de ler e de citar poemas (e, talvez, de ouvir latim na igreja). Não é, pois, fácil descobrir o segredo do atual re-envolvimento do brasileiro com a poesia, no caso com os poemas do nosso itabirano.

Escreveu ele poemas de tal modo singelos e significativos, que se tornaram amados pelo grande público, memorizados e repetidos sem a ajuda do livro, do mesmo modo como são cantarolados, sem a ajuda do disco e do acompanhamento musical, alguns versos de canções da música popular. Não tenhamos piedade, muitas vezes essa memorização popular tem mais a ver com a massificação do gosto pelo *slogan* publicitário (também simples, eficiente e oportuno); tem menos a ver com o prazer na leitura da poesia da simplicidade. "E agora, José?", "Este é um tempo de partido,/ de homens partidos", "Itabira é apenas uma fotografia na parede./ Mas como dói!", "Tenho duas mãos/ e o sentimento do mundo", e assim por diante.

No entanto, se a poesia simples de Drummond desconcerta o leitor habitual e exigente de poemas, acostumado a textos barrocos e complicados, isso não quer dizer que ele fique alheio a ela, ou a despreze, como sendo por demais vulgar para seu palatar requintado de homem cosmopolita. De todos os poetas modernistas da literatura brasileira, é sem dúvida Drummond o que recebeu a maior consagração por parte da crítica, tanto da militante em jornais, quanto daquela outra que ocupa as cátedras das escolas e que, diante de mais jovens, reelabora os poemas dele na sala de aula. Esse desconcerto entre simplicidade e qualidade, aliás, é tema recorrente na vasta bibliografia crítica sobre Drummond.

Como a questão não é (sem trocadilho) simples,

tomemos o *desvio* das comparações. Dois outros poetas, companheiros de geração do itabirano, também exercitaram o discurso poético simples.

O primeiro deles é Oswald de Andrade, em particular nas duas coletâneas de poemas que publicou nos anos 20. A simplicidade em Oswald tem algo a ver com a economia. Metade do mistério da simplicidade da poesia de Oswald estará resolvida, se tomamos a palavra *economia* no seu sentido de *poupança*. O poeta poupa palavras, versos e figuras de retórica, para se expressar com mais rigor e contundência. Quanto menos, tanto mais — eis a fórmula "mínimo múltiplo comum" da sua poesia. Essa também é a lição do poeta e crítico Ezra Pound. Ele nos ensinou que o poeta moderno trabalha o texto poético por um processo de condensação da linguagem, condensação essa que estaria contra o próprio modo como nós, ocidentais, habitualmente nos expressamos, ou seja, através dos excessos da discursividade (sucedem-se na frase sujeito, verbo, complementos, sucedem-se frases e mais frases).

Para Pound, como se sabe, a língua ideal da poesia é a chinesa, que não é discursiva, mas aglutinante. O ideograma chinês não chega a ser uma frase, no sentido ocidental, tem o valor duma frase e é o equivalente dela na medida em que é a condensação pictórica de muitos signos não-fonéticos que, caso desdobrados pelo leitor, pipocam múltiplos significados. Para os cultores dessa simplicidade visual, e pouco ou nada fonética, o rigor poético está ligado: 1) à desemocionalização do texto poético; 2) à justaposição não-discursiva de palavras ou de versos; e 3) à usura no uso do léxico nacional. Nesse sentido e entre nós, Oswald é precursor não só da simplicidade da "faca só lâmina" de João Cabral de Melo Neto, como também, e principalmente, dos poemas "verbivocovisuais" da poesia concreta dos anos 50. A simplicidade em Oswald, dissemos, tem algo a ver com a economia. Teremos explicado a outra metade do seu mistério, se tomarmos a palavra *economia* no seu sentido marxista. Como demonstrou Roberto Schwarz, ao ler o poema "Pobre alimária", publicado em *Pau-brasil* (1924), a simplicidade técnica da poesia de Oswald, alegórica no modo de visualizar o Brasil moderno, "não representava defeito, pois satisfazia uma tese crítica, segundo a qual o esoterismo que cercava as coisas do espírito era uma bruma obsoleta e antidemocrática, a dissipar, fraudulenta no fundo". Continua o crítico: "Quando Lenin dizia que o Estado, uma vez revolucionado, se poderia administrar com os conhecimentos de uma cozinheira, manifestava uma convicção da mesma ordem: não desmerecia as aptidões populares, e sim afirmava que a irracionalidade e a complicação do capitalismo estavam tornando supérfluas; brevemente seriam substituídas por uma organização social sem segredo e conforme o bom senso." A poesia fácil de Oswald tinha, pois, algo a ver com o ideal de simplificação política na condução das finanças do utópico Estado socialista, ideal compartilhado pelo dramaturgo Bertold Brecht, que depositava "igual confiança no potencial materialista e rebelde da obviedade bem escolhida". Pela simplicidade, a linguagem poética (ou artística) distancia-se do esoterismo elitista e se aproxima das massas operárias, que, pela revolução, chegariam um dia ao poder. Nesse sentido, Oswald seria o precursor das imagens contrastantes e contraditórias do Brasil tropicalista, encontradas em particular nos revolucionários filmes do "cinema novo", onde o arcaico se misturava ao mais moderno, em busca duma alegoria que expressasse a condição do país e dos seus miseráveis e nababescos habitantes depois do golpe militar de 64.

O segundo dos poetas é Manuel Bandeira, certamente bem mais próximo da simplicidade drummondiana do que Oswald de Andrade. A grande diferença está em que a simplicidade da poesia de Bandeira é meio capenga da perna cristã (no poema "Desligamento", incluído em *Farewell*, Drummond parece brincar com o poeta pernambucano, ao aconselhar: "Ó minh'alma, dá o salto mortal e desaparece na bruma, sem pesar!"). Na idade madura, poeta que capenga da perna cristã é porque, na infância e na juventude, amou mais a morte do que a vida. A simplicidade em Bandeira tem premissa pessimista, produto que é de um namoro complexado e mal-resolvido com a possibilidade real do fim inesperado e imediato da vida. Ela pode até ter, e certamente terá, colorido mais trágico do que a simplicidade drummondiana, já que a gênese da simplicidade da poesia dele está no sofrimento e martírio dos anos de aprendizagem, conseqüência da tuberculose precoce. (Não se trata de insistir no estigma, mas de constatar um dado concreto nos poemas.)

Tudo isso requereu do poeta Bandeira uma espécie de clima salutar de jejum e sublime de abstinência, contraponteados (não nos esquecemos!) pelos excessos da

110

orgia. Mas excessos em Bandeira mais se apresentam como produto da imaginação reprimida, como mecanismo compensatório bem-humorado e feliz (como é o caso do poema "Vou-me embora pra Pasárgada"), do que exteriorizações cotidianas e constantes da libido. A vida é exceção e utopia, e assim é tomada. Não exageramos se afirmamos que, em Manuel Bandeira, a aproximação da pobreza pelo viés da simplicidade é evangélica. O pernambucano não tem aqueles desmandos arlequinais de um outro cristão, Mário de Andrade. Este, desabusado na vida, se esbaldava no carnaval carioca, *bras-dessus bras-dessous* com mulatas sestrosas, ou "puxava conversa", curiosa e sensualmente, com populares desconhecidos, no meio da rua paulista. Mas Mário de Andrade, na sua poesia, era de todos os companheiros de geração o que mais tinha medo da simplicidade, já que a camuflava deliberadamente sob a capa do cabotinismo. O esoterismo dos seus poemas (comentado no clássico "Lundu do poeta difícil") foi o modo que encontrou para se desdobrar diante dos seus pela maneira como ele achava que poderia ser suportado nos seus desvarios. A simplicidade na poesia de Mário teria sido o ato de coragem suprema do intelectual, a sua redenção como ser humano múltiplo, desengonçado e destrambelhado. A falta de simplicidade, equívoco brejeiro da auto-estima excessiva, é o preço que paga por ser, entre os grandes poetas modernistas, o menos lido e apreciado do grande público.

No caso de Carlos Drummond, a simplicidade é um exercício ético que tem como campo de trabalho (o poeta diria, de luta) as palavras nas suas manifestações imperiosamente coloquiais. Noite e dia, trabalhá-las de tal modo conseqüente, que, ao romper da aurora, se tenham quebrado os tabus da dificuldade em se comunicar com o outro e semelhante. A simplicidade na poesia de Drummond se alimenta, pois, do esforço fracassado, à semelhança de Sísifo. Fracasso não significa derrota, antes estímulo, como ainda no mito de Sísifo. A comunicabilidade com o outro pela palavra poética, no caso, com o leitor, é conquista e fracasso do individualismo e é, ao mesmo tempo, um ideal ascético de exigência introspectiva e de simplicidade humana, vale dizer, de responsabilidade cidadã e de aversão ao culto do escritor como alguém que, por exercer uma profissão dita nobre, difere dos outros.

Escritores modernos são homens comuns de fala coloquial. Talvez esteja aí uma das razões para Carlos Drummond nunca ter aceito entrar para a Academia Brasileira de Letras, apesar das insistências. "Sois nobre?" — no anedotário da ABL é a pergunta que o motorista de táxi fez ao pomposo acadêmico vestido com seu fardão. Precisemos. Certamente está aí a razão pela qual Drummond sempre evitou, durante a vida, as glórias fáceis da vaidade. Leia-se, na presente obra, o poema "Aristocracia":

> *O Conde de Lautréamont*
> *era tão conde quanto eu*
> *que sendo o nobre Drummond*
> *valho menos que um plebeu.*

Tema retomado de forma mais barroca e mineira no poema "Duração", onde o poeta se diverte com o jogo

112

entre o substantivo comum *glória* e o nome próprio Glória:

Fortuna, ó Glória, se evapora,
e a glória se esvanece, Glória.

Se os poetas modernos são seres comuns e de fala coloquial, que expressam anseios comuns — em que diferem dos outros seres humanos? Pelo *artesanato*, em primeiro lugar. A simplicidade é, pois, a forma mais valente, vigorosa e audaciosa do artesanato poético. E a reflexão sobre esse artesanato *simples* (os chamados poemas de "arte poética", e são tantos na obra completa de Drummond), antes de serem exercícios retóricos sobre os valores intrínsecos e extrínsecos da linguagem humana, são apelos, muitas vezes vãos. No mundo e tempo presentes, menos e menos a palavra escrita consegue articular fraternidade, justiça e cidadania. Eis a tarefa do poeta, oposta em tudo e por tudo à palavra burocrática que, num simulacro de justiça, articula falsa e alienadamente a fraternidade à cidadania. Em *Farewell*, Drummond interpela de maneira cáustica os burocratas, através da experiência do burocrata que foi, e lamenta: "o sentimento/ da vida que perdi sendo um dos vossos" ("Escravo em Papelópolis").

Pela *erotização da linguagem*, em segundo lugar. A fala erotizada dos poemas de Drummond (e diria que são todos eles erotizados, havendo apenas uma questão de maior ou de menor intensidade, a maior intensidade encontrando-se no poema "Cabaré palácio", deste livro) é o modo como o poeta dá *corpo* à linguagem. Ele lhe dá

113

corpo da mesma forma como o tutano dá *sustância* à sopa rala ao fim de mais uma jornada. Como em "Missão do corpo":

Salve, meu corpo, minha estrutura de viver
e de cumprir os ritos do existir!

O erotismo, explícito ou implícito na linguagem poética de Drummond, situa os poemas no aqui e agora, a fim de que as palavras não se percam nos meandros dos floreios verbais bonitos e vazios. Ou seja, os exercícios éticos em poesia não são, diante do espelho, pedantes volteios da subjetividade em torno do umbigo; têm a densidade de um corpo que deseja outro corpo, ama, goza, sofre companheiramente, se emociona, castiga, envelhece, envilece, orgulha-se...

Seus verbos, diz o poema, são: sofrer ("outro nome/ do ato de viver"), amar ("nome-programa/ de muito procurar"), rir ("astúcia do rosto/ na ameaça de sentir"), esquecer ("outro nome/ do ofício de perder"). Como todo bom artesão, Drummond sabe que o objeto poético só tem sentido se feito pelo corpo e para o corpo. Se se pudesse ler de uma maneira leiga a palavra divina, dir-se-ia que, em Drummond, o verbo se faz carne.

Pelo *humor*, em terceiro lugar. Não pelo *bom* humor de Manuel Bandeira, feliz com a vida quando esta se lhe oferece na sua gratuidade de oferenda. Não pelo humor oswaldiano, herdeiro direto da técnica caipira e circense de *contar causos*. Como diz dele Mário de Andrade, em carta de 1926, Oswald fez "da vida um espetáculo de circo de que ele é o *clown*. Faz as graças e se ri inda mais que os outros das próprias graças. Sacrifica tudo por uma blague, por uma caçoada". O humor de Drummond está no dístico que escreveu diante do busto de Voltaire, esculpido por Houdon.

O mundo não merece a gargalhada. Basta-lhe sorriso de descrença e zombaria.

O humor drummondiano tem alvo: é descrente e corrosivo, dissolve os falsos valores éticos, denuncia os "podres poderes" políticos sobre os quais repousa, em berço esplêndido, o conservadorismo na sociedade brasileira moderna. Ao final da vida, ainda escreverá: "o tigre em mim se demonstra cruel" ("Fera"). Nesse sentido, seu humor seria precursor do estilo da imprensa nanica, capitaneada, como se sabe, pelo importante movimento político que representou o *Pasquim*. Trata-se de um humor subversivo, com sabor agridoce carioca, elaborado com inteligência e propriedade pelos intelectuais e cartunistas logo depois da instauração do AI-5.

Por todos esses significados da simplicidade drummondiana, seus parentes mais próximos na literatura brasileira não são outros poetas, mas os romancistas Graciliano Ramos e Clarice Lispector. Existe nele e nela um cultivo inimitável da língua portuguesa (tal como falada coloquialmente por todos nós) como *matéria* para um estilo clássico literário brasileiro (tomamos aqui a palavra *clássico* como oposta aos exageros e rompantes dos escritores românticos que, acreditam, podem inventar seu próprio léxico individualizado, como é o caso de Guimarães Rosa). O estilo clássico literário, na modernidade, é o compromisso ético com o dicionário e a gramática. Dicionário e gramática, tomados na sua simplicidade de norma de valor cidadão. Mais limpa e precisa, mais nítida e útil a língua coloquial portuguesa, mais contundente seu manuseio pelos que dela necessitam para exprimir seus anseios de igualdade e justiça.

2. *Farewell*

Ao reconstruir no Engenho Novo a antiga casa materna de Matacavalos, Dom Casmurro diz que o fim evidente da obra era o de atar as duas pontas da vida, e restaurar na velhice a adolescência. Mas logo descobre que falta alguma coisa na cópia exata da antiga casa materna: se o rosto do morador é o mesmo, a fisionomia é diferente. Uma das facetas mais extraordinárias de Drummond é a generosidade com que foi acolhendo, durante seus sessenta e seis anos de poesia, novos temas, novas questões e novos estilos, emprestando-lhes o sabor e o saber especial da sua versátil personalidade poética. O rosto de Drummond pode ter sido igual no transcorrer da sua carreira poética, mas as fisionomias, até no mesmo período estilístico ou histórico, até no mesmo livro, são várias, multifacetadas, ambivalentes, rigorosamente múltiplas. Isso está claro desde o poema que abre seu primeiro livro publicado, *Alguma poesia* (1930): "Poema de sete faces". São sete as sorridentes, irônicas e auto-irônicas faces do "dado" humano quando ele é rolado pelo feltro da mesa poética. "Vai, Carlos, se *gauche* na vida", é o que lhe disse o anjo torto.

Sua última coleção de poemas, planejada enquan to em vida e agora editada pela Record, abre sinto- maticamente com "Unidade", um texto que contra- diz o mais antigo poema publicado em livro. Nas últimas duas décadas de vida, pode-se dizer que o grande esforço do poeta foi o de procurar o ponto misterioso e aparentemente inacessível, espécie de Pandora machadiana, ou de *aleph* borgesiano, que desse conta da *diversidade rebelde* da vida ao nasce- douro dela. Quanto mais o homem se distancia desse ponto, mais se aproxima dele. Eis aí o que Drum- mond, nos poemas de *Farewell* chama com muita propriedade de "A ilusão do migrante":

> *Quando vim, se é que vim*
> *de algum para outro lugar,*
> *o mundo girava, alheio*
> *à minha baça pessoa,*
> *e no seu giro entrevi*
> *que não se vai nem se volta*
> *de sítio algum a nenhum.*

Drummond lê genealogias como um detetive de conto de Edgar Allan Poe. Interpretados com o cuidado que merecem, os poemas hoje enfeixados sob o título geral de *Boitempo*, que "A ilusão do migrante" retoma na presente coletânea, caminham passo a passo em direção a uma "Raiz" (v. *Boitempo II*) onde o ser múltiplo (ou seja: o que se julgava outro e atrapalhado, como no poema "O malvindo") se reencontraria com a singela unidade do "mesmo", que, ao lhe dar origem, o explicou, o explica e o explicará até nas suas antigas artimanhas de filho rebelde:

Os pais primos-irmãos
avós dando-se as mãos
os mesmos bisavós
os mesmos trisavós
os mesmos tetravós
a mesma voz

Esse périplo, esse "caminhar de costas", é o do filho pródigo. Encontrará ele, nas abandonadas e finalmente recuperadas "tábuas da lei mineira de família", religião e razão, modo de ser e de sentir, modo de devir. Todo esse saber familiar estava ali, à sua espera, sem que se desse conta dele. Bastou o poeta querer, querer saber quem é (o singular aqui é plural), para que, como num passe de mágica, todo o passado do clã ressuscitasse em esplendor e miséria, em glória antiga e decadência no presente.

Mas a *história única* de *Boitempo* é a história humana de um clã, os Andrade, história extrovertidamente apaixonada e datada pelos eventos de uma região, Minas, e de um país, o Brasil, com geografia delimitada, nas fronteiras rurais, pelas "braúnas" e, nas fronteiras urbanas, pelas montanhas pulverizadas de minério de ferro. Como no poema "As identidades do poeta", no presente genealógico ele prefere "ignorar/ esse enigma chamado Fernando Pessoa", que caminha pelas ruas da Baixa "em companhia/ de tantos si mesmos".

A *unidade* que o poema de *Farewell* busca extrapola os limites de uma vida humana, da história de um clã; ela engloba tudo o que vive e existe sobre a face do planeta. A dicção poética drummondiana, em geral terra-a-terra, alimenta-se neste último livro de inesperado vôo cósmico, lembrando investidas semelhantes às do poeta negro simbolista Cruz e Souza. Nada do que é do homem é privilégio dele, diz o poema. Até mesmo a dor não é privilégio nosso. Também sofrem as plantas, as flores e as pedras, pois

esta é a chave da unidade do mundo.

No poema "Acordar, viver", volta a perguntar sobre a matéria tristonha dos dias que se sucedem, a repetir hoje as coisas ásperas de ontem:

Como acordar sem sofrimento?
Recomeçar sem horror?

Os poemas que Drummond escolheu para as páginas iniciais de *Farewell* são como a *flor* do poema "Unidade": há neles "uma queixa abafada/ em sua docilidade". Assim é que o velho poeta sente a vida e o modo como responde, quando tocado por "mão inconsciente". Seria essa mão inconsciente a da "mais indesejada das gentes"? A da morte próxima? Não estamos enganados. Se passamos à leitura do poema seguinte à "Unidade", o jogo com os adjetivos de "carne" ("envilecida", "encanecida", que lembram outro, mais óbvio e, por isso, ausente do poema, "envelhecida") traz de volta humor corrosivo e erotismo, lado a lado. Numa espécie de pacto do homem envelhecido com o Diabo, à semelhança do feito pelo Dr. Fausto na Idade Média, o poeta ambiciona o consolo do amor. Só que o Diabo, no poema de Drummond, pode apenas oferecer à carne envilecida, encanecida, um simulacro feminino de graça e de beatitude que, bem medida a realidade, é o aroma que se espalha "de flores calcinadas e de horror".

Versos tristes e desesperançados, sem dúvida, que ecoam ao final do livro, nos versos do poema "Restos", onde "O Amor, o pobre amor estava putrefato". Talvez seja por essa razão que, em outro texto, o poeta acabe preferindo o sono à vigília, porque durante aquele "não existe vida/ e eu quedo inerte sem paixão". Pior: "Não mais o sonho, mas o sono limpo/ de todo excremento romântico". Mais dolorosos e sofridos são os versos finais do curto e claustrofóbico poema "Liberdade". Ali se diz, primeiro, que o pássaro é livre na prisão do ar. Acrescenta-se que o espírito é livre na prisão do corpo. E o poema encerra-se com estes versos:

> *Mas livre, bem livre,*
> *é mesmo estar morto.*

Depois de uma série de poemas onde o tom sombrio da vida domina, a paixão amorosa reaparece sob a forma delicada de um verso tomado de empréstimo a um soneto de Camões: "A grande dor das cousas que passaram", também título de belo e comovente soneto de *Farewell*. Ao rever as fotos da amada, ao mesmo tempo em que lê o soneto do clássico renascentista, descobre que, na ópera da vida, o libreto vai para um lado e a música em direção oposta. No desconcerto da velhice, descobre as sutis maquinações da alquimia amorosa. "A grande dor das cousas que passaram" transmutam-se em "finíssimo prazer" para aquele que consegue reflorir, pelo amor redivivo e pela memória-imagem, "os beijos e amavios que se amavam":

Ó bendito passado que era atroz,
e gozoso hoje terno se apresenta
e faz vibrar de novo a minha voz

A paixão amorosa. Verdadeira e única "Perturbação": "Não pode a fera comigo/ quando estou, quando estou apaixonado,/ mas me derrota a formiga/ se é que estou apaixonado." Não há como sobreviver sem a paixão amorosa; a ausência dela é a morte; por isso ela pode se apresentar no poema "Aparição amorosa" sob a forma de um "doce fantasma" cuja transparência roça-lhe a pele. O poeta constata ao final, numa série de versos contraditórios que ecoam uns aos outros, explicitando seu atual sentir-amar-lembrar:

Tua visita ardente me consola.
Tua visita ardente me desola.
Tua visita, apenas uma esmola.

A paixão amorosa pode estar ainda nas descrições ternas e suaves das moças-manequins, ou dos manequins-moças de "A loja feminina", onde o poeta se dissolve "nesse enigma de formas permutantes", e está também nos bibelôs de Saxe e Delft, que são contemplados em "Os vasos serenos". Está, e de forma brilhante, no denso poema "Os 27 filmes de Greta Garbo", onde imagem da atriz na tela e corpo do poeta na platéia se confundem, diz o verso, para que se realize "a unidade na miragem", espelho e destino:

121

Não julgo seus adultérios burgueses
nem me revolta sua morte espatifada contra a árvore
ou sob as rodas da locomotiva.
Sou seu espelho, seu destino.

Além de ser o poeta da paixão amorosa, Drummond é também fiel amigo dos amigos. É impossível não destacar, nesta leitura breve de *Farewell,* o contraditório e sentido poema "A um ausente" (possivelmente dedicado ao amigo e companheiro de geração Pedro Nava). O prematuramente ausente rompeu um trato: foi-se sem se despedir:

Tenho razão de sentir saudade,
tenho razão de te acusar.
Houve um pacto implícito que rompeste
e sem se despedires foste embora.

3. "Arte em exposição" e "Imagem, terra, memória"

Dizer que Carlos Drummond pouco ou nada viajou durante sua vida é um lugar-comum biográfico. Viagem ao exterior, apenas à Argentina, por causa da filha única, casada, e dos três netos. Não teve sentido para ele fazer, no momento apropriado ou tardiamente, a chamada *viagem cultural* pelos países desenvolvidos do mundo. No entanto, não existe poesia menos provinciana na moderna literatura brasileira, mesmo quando, à semelhança de Guimarães Rosa, trata especificamente de uma dada região de um dado estado do país. Parágrafos atrás citamos o "Poema de sete faces", primeiro do primeiro livro publicado, *Alguma poesia*. Agora, chegou o momento de citar o poema seguinte, "Infância".

Nesse poema, é delicado o entrecruzar de experiências: a experiência calada do menino tímido e interiorano, filho de fazendeiro, com a extraordinária aventura marítima vivida em tempos antigos por Robinson Crusoé, no romance de mesmo nome. Ao ler o romance, estampado em *O Tico-Tico*, o menino aprecia a heróica aventura alheia, toma-a para si, identifica-se a ela e a introjeta na sua imaginação criadora, para enxergar de modo diferente e melhor a família, a paisagem e a vida besta ao redor. Itabira não é a mesma depois da leitura de *Robinson Crusoé*. É uma outra, como se entre os olhos da criança e a cidade houvesse levantado uma *tela* transparente que servisse de *crivo crítico* e de *mediação alegórica* para a reconstrução das aventuras da "infância" e, mais importante, para a invenção do poema drummondiano, em nada "regional", como estamos vendo, na sua fatura. Termina o poema: "E eu não sabia que minha história/ era mais bonita que a de Robinson Crusoé." Muitos anos depois da publicação de "infância", trinta e oito anos depois, para ser preciso, Drummond escreve outro poema sobre o mesmo tema, "Fim", hoje em *Boitempo I*. Nele, lê-se:

Quando Robinson Crusoé deixou a ilha,
que tristeza para o leitor do Tico-Tico.
Era sublime viver para sempre com ele e com Sexta-Feira
na exemplar, na florida solidão,
sem nenhum dos dois saber que eu estava aqui.

O cosmopolitismo na poesia de Drummond vem, pois, da aventura-da-viagem-pela-leitura. A escolha de livros a ler é pouco seletiva, variada e rica, abarcando todos os gêneros literários e todas as épocas históricas. No poema "Iniciação literária", o texto hifeniza leitura, viagem e aventura de modo inesperado e definitivo:

> *Leituras! Leituras!*
> *Como quem diz: Navios... Sair pelo mundo*
> *voando na capa vermelha de Júlio Verne.*

Em outro e esclarecedor poema, "Biblioteca verde", o livro é comparado a variados meios de transporte (nacionais e estrangeiros) ao mesmo tempo em que a leitura é comparada às trapalhadas do viajante neófito e provinciano que, quanto mais trapalhão, mais se identifica com as aventuras extraordinárias que lê e absorve, transformando-as em partes integrantes do seu próprio modo de ser, de pensar e de escrever:

> *Mas leio, leio. Em filosofias*
> *tropeço e caio, cavalgo de novo*
> *meu verde livro, em cavalarias*
> *me perco medievo; em contos, poemas*
> *me vejo viver. Como te devoro,*
> *verde pastagem. Ou antes carruagem*
> *de fugir de mim e me trazer de volta*
> *à casa a qualquer hora num fechar*
> *de páginas?*

Enquanto poeta, Drummond foi antes de mais nada um extraordinário leitor, tão ou mais extraordinário que os críticos e profissionais da sua época. Não apenas leitor de livros, mas ainda e sempre "leitor" (a partir de agora usamos *leitor* e *leitura* em sentido amplo) de filmes. Não existe melhor leitura dos filmes de Carlitos do que a sua, que culmina com o fascinante "Canto ao homem do povo Charlie Chaplin", longo poema que encerra *A rosa do povo*: "ó Carlito, meu e nosso amigo, teus sapatos e teu bigode caminham numa estrada de pó e esperança." Nem falemos da leitura dos filmes de Greta Garbo, pois já mencionamos o comovido poema que se encontra nesta coletânea.

Aqui e ali, na obra completa de Drummond, de modo esparso, está também o leitor de artes plásticas (em particular das obras dos barrocos mineiros, Aleijadinho e Athaíde, e das obras de contemporâneos, como Portinari) e de fotografias (em geral dos álbuns de família). Mas em *Farewell* o poeta atinge dois pontos culminantes nesta linha relativamente pouco explorada: "Arte em exposição" e "Imagem, terra, memória"

Não se pode dizer que, enquanto apreciador de obras de arte, Drummond se apresente como um crítico profissional. Raramente ele aprecia o *todo* do quadro, ou seja, os diversos movimentos da sua composição. Trata-se antes de um olho crítico seletivo e, principalmente, obsessivo. Seus olhos vão diretamente ao detalhe que dá forma ao quadro ou à escultura e que, para ele, ilumina o todo, se ilumina sob a forma de poema. Não importa que esse detalhe seja um lugar-comum, pois o modo como o lê é tão pessoal, que a leitura acaba por acomodar-se ao quadro como nova e original, muitas vezes demolidora de todas as outras leituras. É o caso do modo como lê a dor estampada no rosto da mãe Nossa Senhora com o filho crucificado nos braços ("Pietà"): a dor é incomunicável, escreve ele, mas transposta com engenho e arte para o mármore, comunica-se e nos acusa a todos pelo crime cometido. É ainda o caso do sorriso de Gioconda. O recado é claro: não tente, caro leitor, decifrá-lo através das interpretações dos críticos e historiadores de arte, contemple o sorriso de Gioconda, pois o desenho dos lábios é o que é, ardiloso e silencioso:

> *O ardiloso sorriso*
> *alonga-se em silêncio*
> *para contemporâneos e pósteros*
> *ansiosos, em vão, por decifrá-lo.*
> *Não há decifração. Há o sorriso.*

Há o detalhe. A Vênus adormecida que esquece a mão direita no lugar para onde os devaneios conduzem o desejo: "Acalenta no sono/ o púbis acordado." O enfado no rosto de Leda diante dos avanços desmedidos do cisne que, num derradeiro gesto de paixão, desenha e retém com o branco da asa as formas amorosas da amante fugidia. Há o detalhe: da cabeça aos pés, o êxtase ou o orgasmo de Santa Teresa, em visão celestial e doce delírio. Há o detalhe: o cachorrinho da Duquesa de Alba que traz na pata traseira o mesmo laço de fita vermelha que a dona traz no colo:

> *Ser o cachorrinho da Duquesa*
> *é de certo modo*
> *ser uma partícula da Duquesa.*

Há o detalhe: no "Fuzilamento da Moncloa", a figura humana à esquerda, em branco e de braços abertos, qual Cristo, se apronta para a Ressurreição. Há o detalhe: os sapatos cansados num primeiro quadro, as mesas vazias e alucinadas no segundo, no terceiro a cadeira vazia onde se adivinha o homem angustiado — sempre Van Gogh. Há ainda situações dramáticas em que o poeta se autocontempla, figuras com que o poeta se identifica. Ele se vê num quadro, como o modelo se enxerga a si melhor num retrato pintado por Quentin Metsys. São vários os exemplos. Destacaremos dois. Primeiro, o sugestivo "Retrato de Erasmo de Rotterdam", autor de *O elogio da loucura*:

> *Santidade de escrever,*
> *insanidade de escrever*
> *equivalem-se. O sábio*
> *equilibra-se no caos.*

Em seguida, "Gentil-homem bêbado". Os traços simples e singelos da figura representada no quadro já foram comparados, por Geraldo Jordão Pereira, a traços semelhantes que se encontram numa autocaricatura de Drummond:

> *De Baudelaire o conselho:*
> *É preciso estar sempre bêbado.*
> *Além do imaginário e do real*
> *é preciso estar sempre sóbrio*
> *para pintar a bebedeira.*

Se "Arte em exposição" é o vôo do olhar cosmopolita de Drummond, viajando pelos melhores quadros cobiçados pelos melhores museus do mundo, "Imagem, terra, memória" é o compromisso do olhar mineiro com outra viagem. Com uma "fotoviagem" (a expressão é do texto), viagem à terra que trouxe à vida o poeta e, como diz o poema "A ilusão do migrante", "tudo é conseqüência/ de um certo nascer ali". Esses poemas oferecem-se ao leitor como uma leitura das fotos da coleção de Brás Martins da Costa. Não é ele apenas proprietário do álbum de fotos, mas também "sutil latinista, fotógrafo amador/ repórter certeiro,/ preservador da vida em movimento". Não é apenas tudo isso, mas é também e sobretudo o "guia" do poeta, espécie de narrador-camponês, para usar a expressão de Walter Benjamin, que vai descodificando para o narrador-marinheiro, esquecido das velhas coisas que ele sabia mas de que não se lembra mais. É preciso "esquecer para lembrar", diz Drummond.

A viagem agora é pela terra e pela memória. Os sete cavaleiros da primeira foto do álbum de Brás Martins convidam o poeta para uma estranha viagem, que é feita de inversões e paradoxo. Convidam-no "a percorrer este mundo/ miudinho dentro do mundo/ e grande maior que o mundo". Na foto seguinte do álbum, agiganta-se a figura do patriarca, o Guarda-mor, cercado dos seus quarenta e seis descendentes. Ao lado, um detalhe: a figura de uma menina crucificada. Sinal de culpa e resgate, a pequena infante, qual "a menina morta" de Cornélio Pena, se agigantará, pelo desejo da população, num cruzeiro que majestaticamente, do alto do pico do Cauê, velará pela cidade, "sobre interesses e podres de família,/ sobre fazendolas hipotecadas". Em *fotopoemas* sucessivos, o retrato da cidade se enriquece, na medida em que a grande família vai ganhando os comparsas religiosos e os agregados remediados, vai oferecendo aos olhos atentos do observador objetos e animais de estimação e até mesmo uma banda de música, uma "Euterpe morena". O terceiro *fotopoema* é todo dedicado a essas moças interioranas (como poderiam faltar?) que se debruçam na janela, não se sabe se para olhar "o alvo corpo do anjinho/ no rumo direto do céu", ou para cismar com a estrada, à espera do Salvador forasteiro, que as libere das condenações "ao casamento sem amor, ao sexo abafado,/ ao tio-com-sobrinha, ao primo rico ou de futuro". Ali naquela foto, "gravada ficou a beleza que a opressão familiar/ não empalidece, não destrói". Moças que escondem as belas formas no pesado gorgorão dos vestidos de missa.

O *fotopoema* conclui com um verso que pode ser também uma comovida homenagem e inesperada conclusão para o belo livro que o leitor tem em mãos:

imagem, vida última dos seres.

New Haven, março de 1996

Bibliografia

I — POESIA

1930 **Alguma poesia** — Belo Horizonte, Edições Pindorama.
1934 **Brejo das almas** — Belo Horizonte, Os Amigos do Livro.
1940 **Sentimento do mundo** — Rio de Janeiro, Irmãos Pongetti.
1942 **José** — Publicada em *Poesias* (1942) e em *José & outros* (1967).
1945 **A rosa do povo** — Rio de Janeiro, Livraria José Olympio Editora. Record, 1984.
1948 **Novos poemas** — Publicada em *Poesia até agora* e em *José & outros.*
1951 **A mesa** — Niterói, Edições Hipocampo (incluído em *Claro enigma*).
1951 **Claro enigma** — Rio de Janeiro, Livraria José Olympio Editora. Record, 1991.
1952 **Viola de bolso** — Rio de Janeiro, Serviço de Documentação do MEC; 2ª ed., *Viola de bolso novamente encordoada* — Rio de Janeiro, Livraria José Olympio Editora, 1955.
1954 **Fazendeiro do ar** — Publicado em *Fazendeiro do ar & poesia até agora* (e demais volumes de Poesia Reunida) e em *José & outros.*
1955 **Soneto da buquinagem** — Rio de Janeiro, Philobiblion (incluído em *Viola de bolso novamente encordoada*).
1957 **Ciclo** — Recife, O Gráfico Amador (incluído em *A vida passada a limpo* e em *José & outros*).
1955 **A vida passada a limpo** — Publicado em *Poemas* (e demais volumes de Poesia Reunida e em *José & outros*).
1962 **Lição de coisas** — Rio de Janeiro, Livraria José Olympio Editora.
1964 **Viola de bolso II** — Publicado em *Obra completa* (1964 com suplemento inédito) e em *José & outros*, 1967.
1967 **Versiprosa** (Crônicas em verso) — Rio de Janeiro, Livraria José Olympio Editora (incluído, em seleção, em *Nova reunião*).
1967 **José & outros** *(Contendo José, Novos poemas, Fazendeiro do ar, A vida passada a limpo, 4 poemas, Viola de bolso II)* — Rio de Janeiro, Livraria José Olympio Editora.
1968 **Boitempo & A falta que ama** — Rio de Janeiro, Sabiá.
1968 **Nudez** — Recife, Escola de Belas-Artes.
1969 **Reunião** — Rio de Janeiro, Livraria José Olympio Editora.

1973 As impurezas do branco — Rio de Janeiro, Livraria José Olympio Editora. Record, 1990.
1973 Menino antigo (*Boitempo II*) — Rio de Janeiro, Livraria José Olympio Editora. 3ª ed., 1978.
1977 A visita (Fotos de Maureen Bisilliat) — São Paulo, ed. José E. Mindlin (incluído em *A paixão medida*).
1977 Discurso de primavera e algumas sombras — Rio de Janeiro, Record. 2ª ed. aumentada, 1978 — Rio de Janeiro, Livraria José Olympio Editora. 3ª ed., 1979. Record, 1994.
1978 O marginal Clorindo Gato — Rio de Janeiro, Avenir (incluído em *A paixão medida*).
1979 Esquecer para lembrar (*Boitempo III*) — Rio de Janeiro, Livraria José Olympio Editora. 2ª ed., 1980.
1980 A paixão medida (Desenhos de Emeric Marcier, edição de 643 exs. para bibliófilos) — Rio de Janeiro, Edições Alumbramento. Nova edição aumentada, 1980 — Rio de Janeiro, Livraria José Olympio Editora. 3ª ed., desenhos de Luiz Trimano, 1981 — Rio de Janeiro, Livraria José Olympio Editora — 1993 — Rio de Janeiro, Record.
1983 Nova reunião — Rio de Janeiro, Livraria José Olympio Editora.
1984 Corpo — Rio de Janeiro, Record.
1985 Amar se aprende amando — Rio de Janeiro, Record.
1988 Poesia errante — Rio de Janeiro, Record.
1992 O amor natural — Rio de Janeiro, Record.

Antologias Poéticas

1956 50 poemas escolhidos pelo autor — Rio de Janeiro, Serviço de Documentação do MEC.
1962 Antologia poética — Rio de Janeiro, Editora do Autor. 15ª ed.,1982 — Rio de Janeiro, Livraria José Olympio Editora. Record, 1989.
1965 Antologia poética (Seleção e prefácio de Massaud Moisés) — Lisboa, Portugália Editora.
1971 Seleta em prosa e verso (Textos de CDA escolhidos por ele mesmo, com notas do Prof. Gilberto Mendonça Teles) — Rio de Janeiro, Livraria José Olympio Editora. 5ª ed., 1978. Record, 1985.
1975 Amor, amores (Desenhos de Carlos Leão) — Rio de Janeiro, Editora Alumbramento.
1982 Carmina drummondiana. Tradução para o latim de Silva Bélkior — Rio de Janeiro, Salamandra.
1987 Boitempo I e Boitempo II — Rio de Janeiro, Record.

Infantis

1983 **O elefante** (Coleção Abre-te, Sésamo) — Rio de Janeiro, Record.
1985 **História de dois amores** — Rio de Janeiro, Record.

Edições de Poesia Reunida

1942 **Poesias** (Contendo: *Alguma poesia, Brejo das almas, Sentimento do mundo, José*).
1948 **Poesia até agora** (Contendo: *Alguma poesia, Brejo das almas, Sentimento do mundo, José, A rosa do povo, Novos poemas*).
1954 **Fazendeiro do ar & poesia até agora** (Contendo: *Alguma poesia, Brejo das almas, Sentimento do mundo, José, A rosa do povo, Novos poemas, Claro enigma, Fazendeiro do ar*). 2ª ed., 1955.
1959 **Poemas** (Contendo: *Alguma poesia, Brejo das almas, Sentimento do mundo, José, A rosa do povo, Novos poemas, Claro enigma, Fazendeiro do ar, A vida passada a limpo*).
1969 **Reunião** (10 livros de poesia). Introdução de Antônio Houaiss (Contendo: *Alguma poesia, Brejo das almas, Sentimento do mundo, José, A rosa do povo, Novos poemas, Claro enigma, Fazendeiro do ar, A vida passada a limpo, Lição de coisas*). 10ª ed., 1981.
1983 **Nova reunião** (19 livros de poesia) (Contendo: *Alguma poesia, Brejo das almas, Sentimento do mundo, José, A rosa do povo, Novos poemas, Claro enigma, Fazendeiro do ar, A vida passada a limpo, Lição de coisas, A falta que ama, As impurezas do branco, Boitempo I, Boitempo II, Boitempo III, A paixão medida*, seleção de *Viola de bolso, Versiprosa, Discurso de primavera, Algumas sombras*) — co-edição com o INL-MEC.
1985 **Nova reunião** — 2ª edição.

II — PROSA

1944 **Confissões de Minas** (Artigos e crônicas) — Rio de Janeiro, Americ-Edit.
1945 **O gerente** (Conto) — Rio de Janeiro, Edições Horizonte (incluído em *Contos de aprendiz*).
1951 **Contos de aprendiz** — Rio de Janeiro, Livraria José Olympio Editora. 2ª ed. aumentada, 1958. 19ª ed., 1982 — Rio de Janeiro, Livraria José Olympio Editora. Record, 1984.
1952 **Passeios na ilha** (Artigos e crônicas) — Rio de Janeiro, Organização

Simões. 2ª ed. revista, 1975 — Rio de Janeiro, Livraria José Olympio Editora.

1957 **Fala, amendoeira** (Crônicas) — Rio de Janeiro, Livraria José Olympio Editora. 8ª ed., 1978. Record, 1985.

1962 **A bolsa & a vida** (Crônicas em prosa e verso) — Rio de Janeiro, Editora do Autor. 8ª ed., 1982 — Rio de Janeiro, Livraria José Olympio Editora. Record, 1986.

1966 **Cadeira de balanço** (Crônicas) — Rio de Janeiro, Livraria José Olympio Editora. 13ª ed., com estudo da Profª Angela Vaz Leão, 1981. Record, 1992.

1970 **Caminhos de João Brandão** (Crônicas em prosa e verso) — Rio de Janeiro, Livraria José Olympio Editora. 2ª ed., 1976. Record, 1985.

1972 **O poder ultrajovem e mais 79 textos em prosa e verso** — Rio de Janeiro, Livraria José Olympio Editora. 6ª ed., 1978. Record, 1985.

1974 **De notícias & não-notícias faz-se a crônica** (Crônicas) — Rio de Janeiro, Livraria José Olympio Editora. 4ª ed., 1979. Record, 1987.

1977 **Os dias lindos** (Crônicas) — Rio de Janeiro, Livraria José Olympio Editora. 2ª ed., 1978. Record, 1987.

1978 **70 historinhas** — Rio de Janeiro, Livraria José Olympio Editora. 2ª ed., 1979. Record, 1994.

1981 **Contos plausíveis** (Ilustrações de Irene Peixoto e Marcia Cabral) — Rio de Janeiro, Livraria José Olympio Editora. Editora JB. Record, 1992.

1984 **Boca de luar** — Rio de Janeiro, Record.

1985 **O observador no escritório** (Diário) — Rio de Janeiro, Record.

1986 **Tempo vida poesia** — Rio de Janeiro, Record.

1987 **Moça deitada na grama** (Crônicas) — Rio de Janeiro, Record.

1988 **O avesso das coisas** (Aforismos) — Rio de Janeiro, Record.

1989 **Auto-retrato e outras crônicas** (Crônicas) — Rio de Janeiro, Record.

III — CONJUNTO DE OBRA

1964 **Obra completa** (com estudo de Emanuel de Moraes) — Rio de Janeiro, Aguilar. 5ª ed., 1979 — Rio de Janeiro, Editora Nova Aguilar.

IV — ANTOLOGIAS DIVERSAS

1965 **Rio de Janeiro em prosa & verso** (Em colaboração com Manuel Bandeira) — Rio de Janeiro, Livraria José Olympio Editora.

1966 **Andorinha, andorinha** (prosa), de Manuel Bandeira (Seleção e coordenação de textos por CDA) — Rio de Janeiro, Livraria José Olympio Editora.

1967 **Uma pedra no meio do caminho** (Biografia de um poema. Com estudo de Arnaldo Saraiva) — Rio de Janeiro, Editora do Autor.

1967 **Minas Gerais** — Rio de Janeiro, Editora do Autor.

V — OBRAS EM COLABORAÇÃO

1962 **Quadrante** (Crônicas — com Cecilia Meireilles, Dinah Silveira de Queiroz, Fernando Sabino, Manuel Bandeira, Paulo Mendes Campos e Rubem Braga) — Rio de Janeiro, Editora do Autor.

1963 **Quadrante II** (Crônicas — com os mesmos autores) — Rio de Janeiro, Editora do Autor.

1965 **Vozes da cidade** (Crônicas — com Cecillia Meirelles, Genolino Amado, Henrique Pongetti, Maluh de Ouro Preto, Manuel Bandeira e Rachel de Queiroz) — Rio de Janeiro, Distribuidora Record.

1971 **Elenco de cronistas modernos** (com Clarice Lispector, Fenando Sabino, Manuel Bandeira, Paulo Mendes Campos, Rachel de Queiroz e Rubem Braga) — Rio de Janeiro, Editora Sabiá, 7ª ed., 1979 — Rio de Janeiro, Livraria José Olympio Editora.

1972 **Don Quixote** (Poemas-glosas a 21 desenhos de Cândido Portinari) — Rio de Janeiro, Diagraphis, 4ª ed., 1978 — Rio de Janeiro, Fontana.

1977 **Para gostar de ler** (com Fernando Sabino, Paulo Mendes Campos e Rubem Braga — Vol. 1), vols. 2, 3 e 4, 1978-1979 — São Paulo, Editora Ática.

1979 **O melhor da poesia brasileira I** (com João Cabral de Mello Neto, Manuel Bandeira e Vinicius de Moraes) — Rio de Janeiro, Livraria José Olympio Editora.

1981 **O pipoqueiro da esquina** (Texto de CDA, desenhos de Ziraldo) — Rio de Janeiro, Codecri.

1982 **A lição do amigo** (Cartas de Mário de Andrade a CDA, anotadas pelo destinatário) — Rio de Janeiro, Livraria José Olympio Editora; 1989, Record.

1984 **Quatro vozes** (com Rachel de Queiroz, Cecilia Meirelles e Manuel Bandeira) — Rio de Janeiro, Record.

Mata Atlântica (Poesia de CDA, fotos de Luis Claudio Marigo) — Rio de Janeiro, A & M.

Cronologia da Vida e da Obra

1902. Nasce em Itabira do Mato Dentro, Estado de Minas Gerais; nono filho do fazendeiro Carlos de Paula Andrade e de D. Julieta Augusta Drummond de Andrade.

1910. Inicia o curso primário no Grupo Escolar Dr. Carvalho Brito.

1915. Trabalha alguns meses como caixeiro na casa comercial de Randolfo Martins da Costa, que, em retribuição a seus serviços, lhe oferece um corte de casimira.

1916. Aluno interno do Colégio Arnaldo, da Congregação do Verbo Divino, em Belo Horizonte, onde conhece Gustavo Capanema e Afonso Arinos de Melo Franco. Interrompe os estudos no segundo período escolar, por problemas de saúde.

1917. Aulas particulares com o professor Emílio Magalhães, em Itabira.

1918. Aluno interno do Colégio Anchieta, da Companhia de Jesus, em Nova Friburgo, colabora na *Aurora Colegial* e alcança, em provas parciais denominadas "certames literários", os postos de "coronel" e "general".

— No número único do jornalzinho *Maio...*, aparecido em Itabira, seu irmão Altivo, que o estimula na inclinação literária, publica o seu poema em prosa "Onda".

1919. Expulso do colégio ao findar o ano letivo, em conseqüência de incidente com o professor de Português.

1920. Passa a residir em Belo Horizonte, para onde se transferiu sua família.

1921. Procura José Oswaldo de Araújo, diretor do *Diário de Minas*, e obtém a publicação, na seção "Sociais", de seus primeiros trabalhos.

— Torna-se amigo de Mílton Campos, Abgar Renault, Emílio Moura, Alberto Campos, Mário Casassanta, João Alphonsus, Batista Santiago, Aníbal Machado, Pedro Nava, Gabriel Passos, Heitor de Sousa e João Pinheiro Filho, freqüentadores da Livraria Alves e do Café Estrela.

1922. Em concurso da *Novela Mineira*, obtém o prêmio de 50 mil-réis pelo conto "Joaquim do Telhado".

— Escreve a Álvaro Moreyra, diretor de *Para Todos* e *Ilustração Brasileira*, no Rio de Janeiro, que publica seus trabalhos.

1923. Presta exame vestibular e matricula-se na Escola de Odontologia e Farmácia de Belo Horizonte.

1924. Carta a Manuel Bandeira, enviando-lhe recortes de artigos e manifestando cerimoniosamente sua admiração ao poeta.

— Conhece, no Grande Hotel de Belo Horizonte, Blaise Cendrars, Mário de Andrade, Oswald de Andrade e Tarsila do Amaral, que regressam de excursão às cidades históricas de Minas Gerais, e inicia, algum tempo depois, longa correspondência com Mário de Andrade, de que tirará grande proveito para sua orientação literária.

1925. Casa-se com a senhorita Dolores Dutra de Morais

— Com Martins de Almeida, Emílio Moura e Gregoriano Canedo, funda *A Revista*, órgão modernista do qual saem três números.

— Conclui o curso de Farmácia e é designado à última hora orador da turma, no impedimento de um colega.

1926. Sem interesse pela profissão de farmacêutico, e não se adaptando à vida de fazendeiro, leciona Geografia e Português no Ginásio Sul-Americano de Itabira.

— Por iniciativa de Alberto Campos, volta para Belo Horizonte como redator e depois redator-chefe do *Diário de Minas*.

— Villa-Lobos, sem conhecê-lo, compõe uma seresta sobre o poema "Cantiga de viúvo".

1927. Nasce e vive alguns instantes seu filho Carlos Flávio.

1928. Publica na *Revista de Antropofagia*, de São Paulo, o poema "No meio do caminho", que se torna pedra de escândalo literário.

— Nasce sua filha Maria Julieta.

— Por sugestão de seu amigo Rodrigo M. F. de Andrade, é convidado por Francisco Campos a trabalhar na Secretaria de Educação, mas, sem mesa e cadeira para ocupar, por sugestão de Mário Casassanta torna-se auxiliar de redação da *Revista do Ensino*, na mesma Secretaria.

1929. Deixa o *Diário de Minas* para trabalhar no *Minas Gerais*, órgão oficial do estado, como auxiliar de redação e, pouco depois, redator, sob a direção de Abílio Machado e José Maria Alkmim.

1930. Publica *Alguma poesia* (500 exemplares), sob o selo imaginário de Edições Pindorama, criado por Eduardo Frieiro. A edição é facilitada pela Imprensa Oficial do Estado, mediante desconto na folha de vencimentos do funcionário. Amigos oferecem-lhe um jantar comemorativo, em que é saudado por Mílton Campos.

— Auxiliar de gabinete de Cristiano Machado, secretário do Interior, ao irromper a Revolução de Outubro, que transforma aquela paragem burocrática em centro de operações militares, passa a oficial de gabinete, quando seu amigo Gustavo Capanema substitui Cristiano Machado.

1931. Falece seu pai aos 70 anos.

1933. Redator de *A Tribuna*, diário de vida curta.

— Acompanha Gustavo Capanema, nos três meses em que este foi interventor federal em Minas.

1934. Volta às bancas de redação, *Minas Gerais, O Estado de Minas, Diário da Tarde*, simultaneamente.

— Publica *Brejo das almas* (200 exemplares) pela cooperativa Os Amigos do Livro.

— Transfere-se para o Rio, como chefe de gabinete de Gustavo Capanema, novo ministro da Educação e Saúde Pública.

1935. Responde pelo expediente da Diretoria-Geral de Educação e é membro da Comissão de Eficiência do Ministério da Educação.

1937. Colabora na *Revista Acadêmica*, de Murilo Miranda.

1940. Publica *Sentimento do mundo*, distribuindo entre amigos e escritores os 150 exemplares da tiragem.

1941. Mantém na revista *Euclides*, de Simões dos Reis, a seção "Conversa de Livraria", assinada por "O Observador Literário".

— Colabora no suplemente literário de *A Manhã*, dirigido por Múcio Leão e mais tarde por Jorge Lacerda.

1942. Aparecimento de *Poesias*, na Editora José Olympio, a primeira a custear a publicação de seus livros.

1943. É publicada a sua tradução de *Thérése Desqueyroux*, de François Mauriac, sob o título *Uma gota de veneno*.

1944. Publica *Confissões de Minas*, por iniciativa de Álvaro Lins.

1945. Publica *A rosa do povo* e *O gerente*.

— Colabora no suplemento literário do *Correio da Manhã* e na *Folha Carioca*.

— Deixa a chefia do gabinete de Capanema, sem qualquer atrito com este, e, a convite de Luís Carlos Prestes, figura como diretor do diário comunista, então fundado, *Tribuna Popular*, juntamente com Pedro Mota Lima, Álvaro Moreyra, Aydano do Couto Ferraz e Dalcídio Jurandir. Afasta-se do jornal, meses depois, por discordar de sua orientação.

— Rodrigo M.F. de Andrade chama-o para trabalhar na Diretoria do Patrimônio Histórico e Artístico Nacional, onde mais tarde se tornará chefe da Seção de História, na Divisão de Estudos e Tombamento.

— A convite de Américo Facó, e em companhia de Gastão Cruls e Prudente de Moraes Neto, trabalha na frustrada remodelação do Departamento Nacional de Informações, antigo DIP.

1946. Recebe da Sociedade Felipe d'Oliveira o Prêmio de Conjunto de Obra.

1947. É publicada a sua tradução de *Les Liaisons Dangereuses*, de Choderlos de Laclos.

1948. Publica *Poesia até agora.*

— Colabora em Política e Letras, de Odylo Costa, Filho.

— Acompanha o enterro de sua mãe, em Itabira, à hora em que, no Teatro Municipal do Rio de Janeiro, é executado o *Poema de Itabira*, de Villa-Lobos, composto sobre o seu poema "Viagem na família".

1949. Volta a escrever no *Minas Gerais*.

— Sua filha Maria Julieta casa-se com o escritor e advogado argentino Manuel Graña Etcheverry e passa a residir em Buenos Aires.

— Participa do movimento pela escolha de uma diretoria apolítica na

Associação Brasileira de Escritores. Vitoriosa a chapa de que fazia parte, desliga-se da sociedade, com os demais companheiros, pela impossibilidade de entendimento com o grupo esquerdista.

1950. Vai a Buenos Aires ao nascer seu primeiro neto, Carlos Manuel.

1951. Publica *Claro Enigma, Contos de aprendiz* e *A mesa*.

— Aparece em Madri o volume *Poemas*.

1952. Publica *Passeios na ilha* e *Viola de bolso*.

1953. Exonera-se do cargo de redator do *Minas Gerais*, ao ser estabilizada sua situação de funcionário da DPHAN.

— Vai a Buenos Aires ao nascer o seu neto Luis Mauricio.

— Aparece em Buenos Aires o volume *Dos poemas*.

1954. Publica *Fazendeiro do ar & poesia até agora*.

— Aparece a sua tradução de *Les Paysans*, de Balzac.

— Realiza na Rádio Ministério da Educação, em diálogo com Lya Cavalcanti, a série de palestras "Quase Memórias".

— Inicia no *Correio da Manhã* a série de crônicas "Imagens", mantida até 1969.

1955. Publica *Viola de bolso novamente encordoada*.

— O "mercador de livros" Carlos Ribeiro faz publicar *Soneto da buquinagem* como presente aos amigos.

1956. Publica *50 Poemas escolhidos pelo autor*.

— Aparece a sua tradução de *Albertine Disparue*, ou *La Fugitive*, de Proust.

1957. Publica *Fala, amendoeira* e *Ciclo*.

1958. Publica-se em Buenos Aires pequena seleção de seus poemas, na coleção *Poetas del siglo veinte*.

1959. Publica *Poemas*.

— É levada à cena e publicada a sua tradução de *Doña Rosita la soltera*, de García Lorca, pela qual recebe o Prêmio Padre Ventura, do Círculo Independente de Críticos Teatrais.

1960. A Biblioteca Nacional publica a sua tradução de *Oiseaux-Mouches Ornithorynques du Brèsil*, de Descourtilz.

— Colabora em *Mundo Ilustrado*.

— Nascimento de seu neto Pedro Augusto, em Buenos Aires.

1961. Colabora no programa *Quadrante*, da Rádio Ministério da Educação, instituído por Murilo Miranda.

— Por ato do presidente Jânio Quadros, é nomeado membro da Comissão de Literatura do Conselho Nacional de Cultura, mas afasta-se do órgão nas primeiras reuniões.

— Falece seu irmão Altivo.

1962. Publica *Lição de coisas, Antologia poética, A bolsa & a vida*.

— Aparecem as traduções de *L'Oiseau Bleu*, de Maeterlinck, e *Les Fourberies*, de Scapin; por esta segunda, que o Tablado leva à cena, recebe novamente o Prêmio Padre Ventura.

— Aposenta-se como Chefe de Seção da DPHAN, após 35 anos de serviço público, recebendo carta de louvor do ministro da Educação Oliveira Brito.

139

— Demolida a casa onde viveu vinte e um anos, na Rua Joaquim Nabuco, 81. Passa a residir em apartamento.

1963. Aparece a sua tradução de *Sult (Fome)*, de Knut Hamsun.

— Recebe os prêmios Fernando Chinaglia, da União Brasileira de Escritores, e Luísa Cláudio de Souza, do PEN Clube do Brasil, pelo livro *Lição de coisas*.

— Colabora no programa *Vozes da Cidade*, instituído por Murilo Miranda, na Rádio Roquette Pinto, e inicia o programa *Cadeira de Balanço*, na Rádio Ministério da Educação.

1964. Aparecimento de *Obra Completa*, em edição Aguilar.

1965. Publicação de *Antologia poética* (Portugal); *In the middle of the road* (Estados Unidos); *Poesie* (Alemanha). No Brasil: *Rio de Janeiro em prosa & verso*, em colaboração com Manuel Bandeira.

— Colabora em *Pulso*.

1966. Publicação de *Cadeira de balanço* e de *Natten och Rosen* (Suécia).

1967. Publica *Versiprosa, José & outros, Uma pedra no meio do caminho, Minas Gerais* (Brasil, Terra & Alma), *Mundo, vasto mundo* (Buenos Aires) e *Fyzika Strachu* (Praga).

1968. Publica *Boitempo & A falta que ama*.

1969. Deixa o *Correio da Manhã* e passa a colaborar no *Jornal do Brasil*.

— Publica *Reunião* (10 livros de poesia num volume).

1970. Publica *Caminhos de João Brandão*.

1971. Publica *Seleta em prosa e verso*.

— Edição de *Poemas* em Cuba.

1972. Publica *O poder ultrajovem*.

— *O Jornal do Brasil* (Rio), *O Estado de S. Paulo, O Estado de Minas* (Belo Horizonte) e *O Correio do Povo* (Porto Alegre) publicam suplementos comemorativos do 70° aniversário de seu nascimento.

1973. Publica *As impurezas do branco, Menino antigo, La bolsa y la vida* (Buenos Aires) e *Réunion* (Paris).

1974. Recebe o Prêmio de Poesia da Associação Paulista de Críticos Literários.

1975. Publica *Amor, amores* (Edições Alumbramento).

— Recebe o Prêmio Nacional Walmap de Literatura e recusa, por motivo de consciência, o Prêmio Brasília de Literatura, da Fundação Cultural do Distrito Federal.

1977. Publica *A visita, Discurso de primavera* e *Os dias lindos*.

— Edição búlgara de *Sentimento do mundo* (antologia).

1978. A Livraria José Olympio Editora publica a 2ª edição (corrigida e aumentada) de *Discurso de primavera e Algumas sombras*.

— Publica *70 historinhas* e *O marginal Clorindo Gato*.

— Edições argentinas: *Amar-amargo* e *El poder ultrajoven*.

1979. Publica *Poesia e prosa*, 5ª edição revista e atualizada, pela Editora Nova Aguilar. Publica *Esquecer para lembrar*.

1980. Recebe os prêmios Estácio de Sá, de jornalismo, e Morgado Mateus

(Portugal), de poesia. Publicação de *A paixão medida* (Edições Alumbramento) *En Rost at Folket* (Suécia), *The minus sign* (EUA) e *Poemas* (Holanda).
1981. Publica *Contos plausíveis* (edição não-comercial) e *O pipoqueiro da esquina* (com Ziraldo). Edição inglesa de *The minus sign*.
1982. Completa 80 anos. São realizadas exposições comemorativas na Biblioteca Nacional e na Casa de Rui Barbosa. Recebe o título de doutor *honoris causa* pela Universidade Federal do Rio Grande do Norte. Publica *A lição do amigo*. Edição mexicana de *Poemas*.
1983. Declina do troféu Juca Pato. Publica *Nova reunião* e *O elefante* (infantil).
1984. Assina contrato com a Editora Record após 41 anos na José Olympio. Estréia na nova Editora com *Boca de luar* e *Corpo*. Encerra sua carreira de cronista regular após 64 anos dedicados ao jornalismo.
1985. Publica *Amar se aprende amando, O observador no escritório, História de dois amores* (infantil) e *Amor, sinal estranho* (edição de arte). Lançamento comercial de *Contos plausíveis*. Publicação de *Fran Oxen Tide* (Suécia).
1986. Publica *Tempo vida poesia*. Fica internado durante 14 dias no hospital com insuficiência cardíaca. Edição inglesa de *Travelling in the family*. Escreve 21 poemas para a edição do centenário de Manuel Bandeira, organizada e publicada por Edições Alumbramento com o título *Bandeira, a vida inteira*.
1987. É homenageado, com o samba-enredo *O reino das palavras*, pela escola de samba carioca Estação Primeira de Mangueira, campeã do carnaval de 87. No dia 5 de agosto morre sua filha Maria Julieta, vítima de câncer; 12 dias depois, a 17 de agosto, falece o poeta, deixando cinco obras inéditas: *O avesso das coisas, Moça deitada na grama, Poesia errante* (1988), *O amor natural* (ainda publicadas neste mesmo ano) e *Farewell*.
1987. Publicados na Itália os livros "*Un chiaro enigma*"pela Lusitania Libri e "*Sentimento del mondo*", pela Giulio Einaudi Editore.
1988. Reedição do livro "*D. Quixote, Cervantes, Portinari, Drummond*", publicado pela Fundação Raimundo Ottoni de Castro Maya.
1989. Publicação de "*Drummond Frente e Verso*", fotobiografia do autor, e "*Álbum para Maria Julieta*" pela Edições Alumbramento.
1990. Comemorados os 60 anos da publicação do livro "*Alguma Poesia*"em homenagem no Centro Cultural Banco do Brasil. Publicação de "*Arte em exposição*" pela Editora Salamandra. Publicação, na França, da antologia "*Poésie*" pela Editora Gallimard.
1992. Publicação de "*O amor natural*", pela Editora Record. Edição holandesa de "*O amor natural*", publicado pela AP Uitgeverij Arbeiderspers. Publicação mexicana de "*Historia de dos amores*" pela editora Libros del Rincón.
1993. Prêmio Jabuti de Poesia pelo livro "*O amor natural*".
1994. No dia 2 de julho, falece D. Dolores Morais Drummond de Andrade, viúva do poeta, aos 94 anos.

1995. Lançamento da home page *"Carlos Drummond de Andrade — Alguma Poesia"* na Internet.

1996. Primeiro prêmio para a home page *"Carlos Drummond de Andrade — Alguma Poesia"* no concurso WWW Brasil — Best 95.

1997. Prêmio Jabuti pelo livro *"Farewell"*.

Este livro foi composto na tipologia
Original Garamond em corpo 14/18,
impresso em papel offset 75g/m no
Sistema Cameron da Divisão Gráfica da
Distribuidora Record.